Du musst zum Westtor gehen

Gedichte
englisch – deutsch
von

Edwin Arlington Robinson

ausgewählt, übersetzt und mit
Anmerkungen versehen von

Frank Freimuth

tredition

© 2019 Frank Freimuth (für Übersetzung und Anmerkungen)

Verlag & Druck:
tredition GmbH, Halenreie 40 – 44, 22359 Hamburg

ISBN
Paperback   978-3-7482-1915-6
Hardcover   978-3-7482-1916-3
e-Book   978-3-7482-1917-0

Inhalt

Einführung

Edwin Arlington Robinson (EAR) wurde am 22. Dezember 1869 in dem kleinen Ort Head-of-the-Tide im Bundesstaat Maine als dritter und letzter Sohn von Edward und Mary Robinson geboren. Kurz nach seiner Geburt zog die Familie in das nicht weit entfernte Gardiner um, weil Edward, der sich bis dahin erfolgreich als Holzhändler betätigt hatte, dort den Posten eines Bankdirektors angenommen hatte. Mit Ausnahme kleinerer Abschnitte verbrachte EAR die ersten dreißig Jahre seines Lebens in Gardiner.

Seine Jugendzeit empfand er nicht als glücklich. Von ihm ist eine Aussage überliefert, dass seine Eltern die zufriedensten Menschen der Erde gewesen wären, wenn sie keine Kinder gehabt hätten. EAR war schüchtern und zurückhaltend und er blieb es sein Leben lang. Sein Hang zur Poesie machte sich schon bald bemerkbar, ebenso wie sein mangelndes Talent für praktische Tätigkeiten. Im Alter von zwanzig Jahren fand er einen Förderer, der ihn in den klassischen Formen der Dichtung unterwies und ihn in die örtliche Poesiegruppe einführte. Weil sein Vater ihn nicht studieren lassen wollte, ging EAR für zwei Jahre als Gaststudent an die Universität Harvard. Er wollte sich dort auf eine Laufbahn als Autor vorbereiten. Als die Familie während der Wirtschaftskrise von 1893 schwere finanzielle Verluste hinnehmen musste und auch der Gesundheitszustand seines Vaters bedrohlich wurde, beendete EAR seine Studien und kehrte nach Gardiner zurück. Er blieb dort fast weitere fünf Jahre.

1896 gab EAR seinen ersten Gedichtband *The Torrent and the Night Before* auf eigene Kosten heraus, da er keinen Verleger dafür gewinnen konnte. Eine überarbeitete Fassung mit dem Titel *The Children of the Night* konnte kurz darauf mit finanzieller Hilfe eines Freundes erscheinen. Mit der Robinson-Familie stand es zu dieser Zeit nicht zum Besten. Einige Tage bevor das erste Buch ausgeliefert war, starb Mary Robinson an Diphterie. Herman Robinson, der mittlere Bruder, der vor der Krise von 1893 große Beträge in riskante Projekte in-

vestiert hatte, vernichtete nahezu das gesamte Familienvermö-
gen. Seine Frau Emma musste mit den Töchtern in ihrem El-
ternhaus Zuflucht finden. Herman selbst kehrte nach Gardiner
zurück und verfiel immer mehr der Trunksucht.

1897 zog EAR von Gardiner nach New York. Nach wie vor
gelang es ihm nicht, seine Werke bei den Verlagen unterzu-
bringen. Mit Hilfe von Freunden und kleineren Jobs hielt er
sich über Wasser. Die Wendung kam schließlich 1904, als der
Student Kermit Roosevelt seinem Vater Theodore Roosevelt,
zu jener Zeit Präsident der Vereinigten Staaten, ein Exemplar
von *The Children of the Night* zu lesen gab. Theodore Roose-
velt war von den Gedichten sehr angetan und veröffentlichte
sogar eine Kritik darüber. Darüber hinaus beschaffte er Robin-
son einen mit 2000 Dollar jährlich dotierten Posten, der ihm
erlaubte, seine Arbeit ohne materielle Not weiterzuführen. Als
EAR 1910 den Gedichtband *The Town Down the River* veröf-
fentlichte, widmete er ihn dem Präsidenten.

Robinson war damals noch nicht auf dem Gipfel des Er-
folgs angelangt, aber er war auf dem Weg dorthin. 1922 erhielt
er seinen ersten Pulitzer-Preis für die erste Ausgabe seiner ge-
sammelten Gedichte (*Collected Poems*). 1925 folgte der zweite
für das Langgedicht *The Man Who Died Twice* und schon 1927
der dritte für *Tristram*, ebenfalls ein Langgedicht. Dieser Band
war es dann auch, der sich so gut verkaufte, dass EAR von da
an finanziell auf sicheren Beinen stand und sogar noch andere
unterstützen konnte.

Robinson blieb sein Leben lang Junggeselle. Seine große
und lebenslange Liebe Emma Shepherd heiratete seinen Bru-
der Herman, einen gutaussehenden, charmanten und draufgän-
gerischen Mann, dem die Herzen zuflogen.

Edwin Arlington Robinson starb am 6. April 1935 im New
York Hospital in New York City. Er liegt im Grab der Familie
in Gardiner begraben. Er hinterließ ein literarisches Werk von
nicht weniger als 28 Gedichtbänden.

*

Es ist heute fast schon obligatorisch, Robinson als den ersten modernen Dichter der Vereinigten Staaten zu bezeichnen. Nun ist aber das Wort „modern" durch vielfältigen und unsinnigen Gebrauch in der Welt der Poesie seinem Wortsinn in der Alltagssprache entlaufen. Es ist deshalb fruchtbarer zu fragen, was das Besondere an Robinsons Dichtung ist. Tatsächlich ist sie einzigartig, es ist wohl kaum ein anderer Dichter zu finden, der ähnlich schreibt.

Nicht ungewöhnlich und ganz und gar nicht neu ist die Formenstrenge seiner Gedichte. Robinson hatte sich für die Poesie mit Reim und Versmaß entschieden und war niemals versucht, diese Entscheidung in Frage zu stellen. Neuartig waren dagegen seine Themen. Der stille und scheue Dichter war ein hervorragender Beobachter seiner Umwelt, der ein besonderes Gespür für die kleinen und großen Tragödien des Alltags hatte, für die Existenzen am Rande der Gesellschaft, für die Vorurteile und das Halbwissen, auf denen wir häufig unsere Urteile aufbauen. Diese Themen verarbeitete er zu sorgfältig konstruierten Gedichten, die nur dem aufmerksamen und zum Hineindenken bereiten Leser in ihrer ganzen Tiefe zugänglich sind. Eine breite Palette von Techniken, von denen weiter unten noch die Rede sein wird, stand ihm zur Gestaltung seiner kunstvollen Gedichtkonstruktionen zur Verfügung.

*

Nahezu alle, die sich näher mit seinem Werk befasst haben, nennen Robinson einen Dichter des Mitgefühls. Das ist sicherlich nicht falsch. Allerdings drückt er dieses Mitgefühl niemals direkt aus. Stattdessen lenkt er das Denken des aufmerksamen Lesers auf die Dinge, die sich unterhalb der Oberfläche abspielen. Er bringt seine Leser dazu, das scheinbar Offensichtliche zu hinterfragen und sich in die Protagonisten seiner Gedichte hineinzudenken. Nur die aufmerksamen Leser, wohlgemerkt. Wer nicht genau liest, bleibt im schlimmsten Fall an der Oberfläche, im besten Fall ratlos.

Durch das ganze Werk Robinsons ziehen sich zwei Leitmotive. Da ist zum einen seine Überzeugung, dass es niemals möglich sei, einen Menschen oder ein Geschehen völlig zu verstehen und dass man deshalb immer vorsichtig mit seinem Urteil sein müsse. Nur scheinbar im Gegensatz dazu steht das zweite Motiv. Es besagt, dass man sich immer um Verständnis bemühen müsse, bevor man einen Standpunkt beziehe.

Nichts liegt Robinson ferner als die sogenannte reine Poesie, die Poesie, die keinen anderen Zweck hat, als zu gefallen, die „nichts mehr sagen, sondern nur noch singen will" (A. Berne-Joffroy, nach Hugo Friedrich, S. 136). Robinson ist ein Moralist im guten Sinne, seine Gedichte enthalten Botschaften. Meist werden sie dem Leser auf subtile indirekte Art vermittelt, zuweilen aber auch offen mit dem erhobenen Zeigefinger, wie z.B. in *Hillcrest* und *Cassandra*.

*

Viele Leser empfinden Robinsons Verse als schwierig, manche sogar als unverständlich. Maron (1966), der in seiner Dissertation sechsundzwanzig von Robinsons Gedichten bespricht, weist diese Meinung zurück und belegt durch seine eigenen Interpretationen, dass genaues Lesen in den meisten Fällen der Schlüssel zum Verständnis ist. Allerdings zeigen die von ihm zitierten, teilweise haarsträubenden Interpretationen anderer, dass die Deutung vielen schwer fällt. Nun muss man wissen, dass die Rätselhaftigkeit in Robinsons Gedichten eine ganz andere ist als beispielsweise die, die man in manchen Gedichten von Gottfried Benn vorfinden kann. Die Leser von Benns *Welle der Nacht* können sich am Klang des Gedichts berauschen, aber sie werden, wenn sie ihre Zeit nicht vergeuden wollen, im Wortlaut keinen anderen Sinn suchen als jenen, den Wohlklang zu unterstützen. Bei Robinson hat dagegen die Rätselhaftigkeit die Funktion, den Leser stärker in das Geschehen einzubeziehen, als dies bei platter Darstellung der Fakten der Fall wäre.

Hierzu bedient sich Robinson eines üppig gefüllten Werkzeugkastens. Häufig geizt er mit Informationen oder gibt sie verzögert frei, teilweise erst in der allerletzten Zeile des Gedichts. Darüber hinaus wird die spärliche Information meist nicht direkt vermittelt, sondern es werden Indizien gestreut und Andeutungen gemacht. Hin und wieder, wie in *The Gift of God* (*Das Geschenk Gottes*), werden die Spuren auch so gelegt, dass der Leser zunächst die falsche Richtung verfolgt. Manchmal werden Vorurteile abgerufen und dann nach und nach auf subtile Weise in Frage gestellt. Hin und wieder fühlt sich der Leser wie Sherlock Holmes oder Hercule Poirot und merkt erst am Ende des Gedichts, dass dieses Gefühl ihn trügte. Denn anders als bei den erwähnten Detektiven gibt es so gut wie nie eine eindeutige Auflösung. Robinson lässt die Dinge in der Schwebe, fällt nie ein Urteil, sondern fordert dem Leser eine eigene Deutung ab.

Ein Instrument in Robinsons Werkzeugkasten, das bei keinem anderen Dichter in diesem Maße entwickelt ist, ist die Variation des Sprechertyps, um den Leser zielgerecht führen zu können. Den selbst erzählenden Protagonisten findet man bei fast allen Autoren, den allwissenden, über allem stehenden Sprecher auch. Bei Robinson findet man zusätzlich ignorante und von Vorurteilen strotzende Sprecher (*The Growth of Lorraine, Aaron Stark*), dämonisch-subversive (*Luke Havergal*), neugierig-wohlwollende (*Eros Turannos*), sich in der Gruppe auflösende (*Cassandra*) und intelligent aufdeckende Sprecher (*The Whip*).

Häufig benutzt Robinson die Paradoxie als Werkzeug. In den meisten Fällen handelt es sich um paradox anmutende Schlusszeilen, welche konsternieren und erst einmal ratlos machen. Das Paradoxe fungiert hier als Signal für den Leser, sich nicht mit einem oberflächlichen Verständnis zufrieden zu geben, sondern noch einmal und genauer zu lesen. Wir finden solche paradoxen Abschlüsse beispielsweise in *Richard Cory*, *Reuben Bright* und *How Annandale Went Out*. Mitunter steuern diese Schlusszeilen auch zusätzliche Informationen bei, welche das Vorherige in einem anderen Licht erscheinen lassen.

Auch am Beginn von Gedichten finden sich hin und wieder Signale in Form von Ungewöhnlichem, entweder schon in der Überschrift oder in den Anfangszeilen. In *The Growth of „Lorraine"* enthält bereits der Titel zwei Signale, die dem Leser sofort auffallen, aber in ihrer Tragweite erst beim weiteren Lesen bewusst werden können.

Dass Ironie eine gute Methode ist, um der drohenden und unerwünschten Sentimentalität zu entgehen, ist den Lesern von Heinrich Heine wohlbekannt. Auch Robinson benützt die Ironie zu diesem Zweck. Anders als bei Heine, dessen Ironie leicht und spielerisch daherkommt, ist bei Robinson die Ironie etwas Handfesteres, das manchmal, wie z.B. in *How Annandale Went Out*, eine fast zynische Anmutung hat. Dass dies Sentimentalität wirkungsvoll verhindert, ist einleutend, jedoch gerät mancher nicht ganz so geduldige Leser in Gefahr, sich von der negativen Stimmung anstecken zu lassen.

*

Als Robinson starb, war er ein bekannter Dichter, der seinem Zeitgenossen und Konkurrenten Robert Frost in der Popularität nicht nachstand. Noch zu seinen Lebzeiten und besonders in den Jahrzehnten danach wurde viel über ihn und sein dichterisches Werk geschrieben. Er gibt mehrere Biographien über ihn; die letzte und auch die ausführlichste ist die 2007 von Scott Donaldson verfasste. Donaldson war es auch, der 2007 einen kleinen Sammelband mit den schönsten Robinson-Gedichten herausgab.

Wenngleich Robinsons Popularität seit seinem Tod etwas nachgelassen hat, haben nicht wenige seiner Gedichte alle folgenden Moden der Poesie überdauert. Im *Oxford Book of American Poetry* von 2006 ist er immerhin mit zwölf Gedichten vertreten. Im deutschen Sprachgebiet ist er nur Kennern der englischsprachigen Literatur bekannt. Übersetzungen ins

Deutsche gab es bislang nicht, sieht man von vier Gedichten ab, für die Hans Hennecke 1955 deutsche Fassungen veröffentlicht hat.

Bei keinem Dichter, mag er noch so berühmt und geschätzt sein, ist jedes veröffentlichte Gedicht herausragend. Und auch unter den herausragenden wird es allenfalls sechs bis sieben wirklich perfekte Gedichte geben. Dies gilt für Shakespeare wie für Goethe, für Benn wie für Rilke und George, und es gilt natürlich auch für Robinson. Meine persönliche Robinson-Auswahl des Besten vom Besten lautet: *The Sheaves* (*Die Garben*), *The Dark Hills* (*Die dunklen Hügel*), *Eros Turannos*, *Aaron Stark*, *The Clerks* (*Die Verkäufer*) und *Luke Havergal* (*Franz Haberkorn*).

Gedichte

DEAR FRIENDS

Dear Friends, reproach me not for what I do,
Nor counsel me, nor pity me; nor say
That I am wearing half my life away
For bubble-work that only fools pursue.
And if my bubbles be too small for you,
Blow bigger then your own: the games we play
To fill the frittered minutes of a day,
Good glasses are to read the spirit through.

And whoso reads may get him some shrewd skill;
And some unprofitable scorn resign,
To praise the very thing that he deplores;
So, friends (dear friends), remember, if you will,
The shame I win for singing is all mine,
The gold I miss for dreaming is all yours.

Bemängelt nicht, worauf mein Leben ruht,
kein Mitleid, Freunde, und nicht guten Rat,
nennt es nicht Seife blasen, was ich tat,
heißt mich nicht Narr, der solche Arbeit tut.
Und sind die Blasen euch zu klein gewesen,
blast eure eigenen größer: für die Freuden,
mit denen wir den ganzen Tag vergeuden,
gibt's gute Gläser ihren Sinn zu lesen.

Wer damit liest, mag scharfen Sinn gewinnen
und wird auf manchen leeren Spott verzichten,
um das zu preisen, was er selbst verschmäht;
so sollt ihr, liebe Freunde, euch besinnen:
nur mir gehört die Schmach aus meinem Dichten,
doch euch das Gold, das Träumern nicht gerät.

RICHARD CORY

Whenever Richard Cory went down town,
We people on the pavement looked at him:
He was a gentleman from sole to crown,
Clean favored, and imperially slim.

And he was always quietly arrayed,
And he was always human when he talked;
But still he fluttered pulses when he said,
"Good-morning," and he glittered when he walked.

And he was rich - yes, richer than a king -
And admirably schooled in every grace:
In fine, we thought that he was everything
To make us wish that we were in his place.

So on we worked, and waited for the light,
And went without the meat, and cursed the bread;
And Richard Cory, one calm summer night,
Went home and put a bullet through his head.

RICHARD CORY

Wann immer er die Innenstadt besuchte,
sahen wir vom Fußweg ihn bewundernd an:
Er war ein Gentleman, der seinesgleichen suchte,
so stattlich, wie ein Kaiser werden kann.

Und immer war er prunklos aufgemacht,
war immer menschlich, wenn er sprach;
wenn er uns grüßte, schlug der Puls mit Macht
und wenn er ging, ging ihm ein Glitzern nach.

Und reich war er, wie es kein König war,
bewundernswert geschult in jeder Kunst:
kurzum, er war für uns ein Superstar,
wie er zu sein die allerhöchste Gunst.

Wir strebten weiter, hoffend auf die Pracht,
das Brot verfluchend, ohne Fleisch im Topf,
und Richard Cory, in einer stillen Sommernacht,
schoss sich daheim die Kugel durch den Kopf.

An Old Story

Strange that I did not know him then,
That friend of mine!
I did not even show him then
One friendly sign;

But cursed him for the ways he had
To make me see
My envy of the praise he had
For praising me.

I would have rid the earth of him
Once, in my pride!
I never knew the worth of him
Until he died.

EINE ALTE GESCHICHTE

Wie seltsam, dass ich ihn nicht kannte,
meinen Freund,
und ihn nicht einmal einen nannte,
einen Freund;

Stattdessen ihn dafür verfluchte,
wie er mich eingestehen ließ,
dass ich ihm es nicht gönnen mochte,
gelobt zu sein, weil er mich pries.

Ich wünschte ihn aus meiner Sicht,
damals, vom Stolz geblendet!
Was er mir wert war sah ich nicht,
nun hat sein Weg geendet.

Luke Havergal

Go to the western gate, Luke Havergal,
There where the vines cling crimson on the wall,
And in the twilight wait for what will come.
The leaves will whisper there of her, and some,
Like flying words, will strike you as they fall;
But go, and if you listen she will call.
Go to the western gate, Luke Havergal -
Luke Havergal.

No, there is not a dawn in eastern skies
To rift the fiery night that's in your eyes;
But there, where western glooms are gathering,
The dark will end the dark, if anything:
God slays Himself with every leaf that flies,
And hell is more than half of paradise.
No, there is not a dawn in eastern skies -
In eastern skies.

Out of a grave I come to tell you this,
Out of a grave I come to quench the kiss
That flames upon your forehead with a glow
That blinds you to the way that you must go.
Yes, there is yet one way to where she is,
Bitter, but one that faith may never miss.
Out of a grave I come to tell you this -
To tell you this.

FRANZ HABERKORN

Du musst, Franz Haberkorn, zum Westtor gehen,
wo Reben blutrot an der Mauer stehen,
und dort im Zwielicht auf die Botschaft warten.
Es werden Blätter von ihr wispern, die verharrten,
und dich im Fallen treffen wie ein Wort;
geh hin und höre, dann klingt sie in dir fort.
Du musst zum Westtor gehen, Franz Haberkorn -
Franz Haberkorn.

Nein, dort im Osten ist kein Morgenlicht erwacht,
das dich befreite von der glühend heißen Nacht,
doch da, wo westlich Schatten eng flanieren,
kann nur die Dunkelheit das Dunkle ausradieren:
Gott tilgt sich selbst mit jedem dürren Blatt,
und Hölle füllt nicht minder Raum, als Paradies ihn hat.
Nein, dort im Osten ist kein Morgenlicht erwacht -
kein Morgenlicht erwacht.

Aus einem Grab komm ich, dich dies zu lehren,
komm zu dir, um den Kuss hinwegzukehren,
der deine Stirn mit heißer Glut verbrennt,
der dich verblendet und dir falsche Wege nennt.
Denn ja, es führt nur ein Weg hin, wo sie jetzt ist,
ein bitterer, doch einer, den wer glaubt nicht misst,
aus einem Grab komm ich und sag dir, wie es ist -
wie es ist.

There is the western gate, Luke Havergal,
There are the crimson leaves upon the wall.
Go, for the winds are tearing them away, -
Nor think to riddle the dead words they say,
Nor any more to feel them as they fall;
But go, and if you trust her she will call.
There is the western gate, Luke Havergal -
Luke Havergal.

Vor dir, Franz Haberkorn, kannst du das Westtor sehen,
den Ort, wo Reben blutrot an der Mauer stehen.
Geh doch, denn Winde reißen schnell die Blätter fort -
du löst es nie, das Rätsel um ihr totes Wort,
wirst nie mehr fühlen können, wenn sie weichen,
doch traust du ihr, wird dich ihr Ruf erreichen.
Vor dir, Franz Haberkorn, kannst du das Westtor sehen -
das Westtor sehen.

THE HOUSE ON THE HILL

They are all gone away,
The House is shut and still,
There is nothing more to say.

Through broken walls and gray
The winds blow bleak and shrill:
They are all gone away.

Nor is there one today
To speak them good or ill:
There is nothing more to say.

Why is it then we stray
Around the sunken sill?
They are all gone away,

And our poor fancy-play
For them is wasted skill:
There is nothing more to say.

There is ruin and decay
In the House on the Hill:
They are all gone away,
There is nothing more to say.

DAS HAUS AUF DEM HÜGEL

Sie gingen weg vor vielen Tagen,
Das Haus ist zu und still,
Es gibt nichts mehr zu sagen.

Im Hinterhof ein alter Wagen,
Der Wind bläst rau und schrill:
Sie gingen weg vor vielen Tagen.

Wir können niemand etwas fragen,
für Wünsche gibt's kein Ziel:
Es gibt nichts mehr zu sagen.

Was hilft es uns, umher zu jagen
um diesen rostigen alten Grill?
Sie gingen weg vor vielen Tagen.

Die Traumgebilde, die wir wagen,
sie nützen wohl nicht viel:
Es gibt nichts mehr zu sagen.

Man hört nicht einmal Ratten nagen,
Das Haus ist mäuschenstill:
Sie gingen weg vor vielen Tagen,
Es gibt nichts mehr zu sagen.

REUBEN BRIGHT

Because he was a butcher and thereby
Did earn an honest living (and did right),
I would not have you think that Reuben Bright
Was any more a brute than you or I;
For when they told him that his wife must die,
He stared at them, and shook with grief and fright,
And cried like a great baby half that night,
And made the women cry to see him cry.

And after she was dead, and he had paid
The singers and the sexton and the rest,
He packed a lot of things that she had made
Most mournfully away in an old chest
Of hers, and put some chopped-up cedar boughs
In with them, and tore down the slaughter-house.

HERMANN BRECHT

Denkt nicht, nur weil er Fleischer war und sich
damit gediegen und nicht schlecht ernährte,
dass jemand Hermann Brecht Respekt verwehrte
und er mehr Rohling war als du und ich;
denn als sie sagten, ihr bliebe nur der Tod,
da starrte er, vor Gram und Schrecken blind,
und heulte wie ein großes kleines Kind,
und Frauen weinten mit in seiner Not.

Und als sie tot war und alle ausgezahlt,
vom Totengräber bis zum Blumenkind,
da packte er, was sie gefertigt und bemalt,
gramvoll gebeugt in einen alten Spind,
der ihr gehörte, tat Zedernholz hinein,
und riss danach das Schlachthaus ein.

CREDO

I cannot find my way: there is no star
In all the shrouded heavens anywhere;
And there is not a whisper in the air
Of any living voice but one so far
That I can hear it only as a bar
Of lost, imperial music, played when fair
And angel fingers wove, and unaware,
Dead leaves to garlands where no roses are.

No, there is not a glimmer, nor a call,
For one that welcomes, welcomes when he fears,
The black and awful chaos of the night;
For through it all--above, beyond it all -
I know the far sent message of the years,
I feel the coming glory of the Light.

KREDO

Der Weg ist nicht zu finden, nicht ein Stern
in den verhüllten Himmeln über mir,
und nicht ein Wispern hör ich hier,
kein Lebenszeichen, nur von fern
vernehme ich aus engelsreinen Kehlen
gedämpfte herrliche Musik, entstanden
als Feen- und Engelsfinger Kränze wanden
aus toten Blättern, wo die Rosen fehlen.

Nein, nicht ein Schimmer, nicht ein Ruf
an mich, der kommen will trotz Furchtsamkeit
vor diesem schwarzen Chaos ohne Sicht,
weil ich durch ihn und alles, was er schuf,
weiß um die weitgesandte Botschaft aller Zeit
und spüre, wie er kommt, der Glanz vom Licht.

The Clerks

I did not think that I should find them there
When I came back again; but there they stood,
As in the days they dreamed of when young blood
Was in their cheeks and women called them fair.
Be sure, they met me with an ancient air, -
And yes, there was a shop-worn brotherhood
About them; but the men were just as good,
And just as human as they ever were.

And you that ache so much to be sublime,
And you that feed yourselves with your descent,
What comes of all your visions and your fears?
Poets and kings are but the clerks of Time,
Tiering the same dull webs of discontent,
Clipping the same sad alnage of the years.

DIE VERKÄUFER

Ich war erstaunt, dass sie sich dort befanden
als ich zurück kam, doch sie standen da,
wie damals fast, als man sie frischer sah
und als die Frauen sie noch knackig nannten.
Gewiss, sie kamen mir althergebracht entgegen,
und ja, sie hingen an den alten Dingen,
doch gingen sie, wie sie auch früher gingen,
so gut und menschlich auf den alten Wegen.

Und ihr, die ihr so brennt nach Vornehmheit,
die ihr so stolz auf eure Herkunft seid,
was nützen Ängste und die Zukunftsblicke?
Poet wie König handeln mit der Zeit,
sie schichten Webnisse der Unzufriedenheit
und schneiden aus den Jahren miese Stücke.

AARON STARK

Withal a meagre man was Aaron Stark,
Cursed and unkempt, shrewd, shrivelled, and morose.
A miser was he, with a miser's nose,
And eyes like little dollars in the dark.
His thin, pinched mouth was nothing but a mark;
And when he spoke there came like sullen blows
Through scattered fangs a few snarled words and close,
As if a cur were chary of its bark.

Glad for the murmur of his hard renown,
Year after year he shambled through the town,
A loveless exile moving with a staff;
And oftentimes there crept into his ears
A sound of alien pity, touched with tears, -
And then (and only then) did Aaron laugh.

AARON STARK

Ein ausgedörrter Mann war Aaron Stark,
gewitzt und ungepflegt und mürrisch obendrein.
Er war ein Geizhals, mit Geizhalsnasenbein
und kleinen Dollaraugen, die keine Nacht verbarg.
Der fest gepresste Mund war ohne Wellen,
und wenn er sprach, dann kamen mürrisch sauer
geknurrte Worte durch verstreute Hauer,
wie einem Straßenköter vor dem Bellen.

Erfreut von ihn verachtenden Gedanken,
sah man ihn Jahre schon die Stadt durchwanken,
ein liebeloser, stockgestützer Exilant;
und oft beschlichen Laute seine Ohren,
in Tränen und aus Menschlichkeit geboren -
Nur dann war es, dass er ein Lachen fand.

While I stood listening, discreetly dumb,
Lorraine was having the last word with me:
"I know," she said, "I know it, but you see
Some creatures are born fortunate, and some
Are born to be found out and overcome, -
Born to be slaves, to let the rest go free;
And if I'm one of them (and I must be)
You may as well forget me and go home.

"You tell me not to say these things, I know,
But I should never try to be content:
I've gone too far; the life would be too slow.
Some could have done it - some girls have the stuff;
But I can't do it: I don't know enough.
I'm going to the devil."—And she went.

DAS WACHSEN VON „LORRAINE" I

Ich hörte zu und schwieg verständnisvoll
Lorraine sprach nun ihr letztes Wort mit mir:
„Ich weiß, ich weiß es, doch ich sage dir,
für manche Wesen ist die Schale voll
und manche leben nur zum Opfersein,
zum Sklavendasein für den freien Rest,
und ich bin auch so eine, das steht fest.
Vergiss mich deshalb einfach und geh heim."

„Du meinst, ich solle dies nicht sagen,
doch ich kann niemals mehr zufrieden sein:
zu weit schon, langsam leben wär nur Plagen.
So manche könnte es, die spränge auf den Zug,
doch ich kann's nicht, weiß dafür nicht genug.
Zum Teufel werd ich gehen" – und dies trat ein.

I did not half believe her when she said
That I should never hear from her again;
Nor when I found a letter from Lorraine,
Was I surprised or grieved at what I read:
"Dear friend, when you find this, I shall be dead.
You are too far away to make me stop.
They say that one drop—think of it, one drop! -
Will be enough, - but I'll take five instead.

"You do not frown because I call you friend,
For I would have you glad that I still keep
Your memory, and even at the end -
Impenitent, sick, shattered - cannot curse
The love that flings, for better or for worse,
This worn-out, cast-out flesh of mine to sleep."

DAS WACHSEN VON „LORRAINE" II

Ich glaubte nur zu Hälfte, als sie sagte,
ich würde niemals wieder von ihr hören.
Auch als ein Brief kam, ließ ich mich nicht stören
und mich erstaunte nicht, was er mir sagte:
„Wenn du das liest, mein Freund, dann bin ich tot.
Du bist nicht nah genug, um mich zu halten.
Es heißt, ein Tropfen reicht und ließe mich erkalten,
da reichen fünfe leicht zum Ende meiner Not."

"Nimm mir nicht krumm, dass ich dich Freund benenne,
und freue dich, dass mir dein Bild verblieb,
und dass ich sogar jetzt, wo ich das Ende kenne,
verstockt, kaputt und krank, die Liebe nicht verdamme,
die mein verstocktes Fleisch verzehrte wie die Flamme,
und die es nun durch Zwang zum Schlafen trieb."

THE WHIP

The doubt you fought so long
The cynic net you cast,
The tyranny, the wrong,
The ruin, they are past;
And here you are at last,
Your blood no longer vexed.
The coffin has you fast,
The clod will have you next.

But fear you not the clod,
Nor ever doubt the grave:
The roses and the sod
Will not forswear the wave.
The gift the river gave
Is now but theirs to cover:
The mistress and the slave
Are gone now, and the lover.

You left the two to find
Their own way to the brink
Then - shall I call you blind? -
You chose to plunge and sink.
God knows the gall we drink
Is not the mead we cry for,
Nor was it, I should think -
For you - a thing to die for.

DIE PEITSCHE

Der Zweifel, der dich jagte,
Zynismus, stets dabei,
Tyrannin, die dich plagte,
dein Niedergang – vorbei.
Und hier bist du am Ende,
dein Ich nicht mehr verletzt,
der Sarg hält deine Hände
die Erde kommt zuletzt.

Doch fürchte nicht den Staub
und nicht die Grabesstelle,
die Rosen und das Laub
entsagen nicht der Welle.
Das, was der Fluss verschenkte,
bringen andere zum Ort,
die Herrin, der Gelenkte
und der Geliebte - fort.

Du ließt sie Wege finden
alleine bis zum Rand,
und dann, wie nur die Blinden,
sankst du hinab zum Sand.
Der bittere Gallenfluss –
nicht, was wir trinken wollen -
doch wohl kein Überdruss,
der reicht zum Sterbenwollen.

Could we have done the same,
Had we been in your place? -
This funeral of your name
Throws no light on the case.
Could we have made the chase,
And felt then as you felt? -
But what's this on your face,
Blue, curious, like a welt?

There were some ropes of sand
Recorded long ago,
But none, I understand,
Of water. Is it so?
And she - she struck the blow,
You but a neck behind ...
You saw the river flow -
Still, shall I call you blind?

Ob wir, an deinem Platz,
auch so wie du verfahren?
Dein Grabesgang sagt keinen Satz
zum Grund und zum Gebaren.
Ob wir sie auch gejagt,
gejagt, dass wir sie fingen?
Was dein Gesicht uns sagt,
so blau, ist das ein Striemen?

Es habe, lang ist's her
ein Seil aus Sand gegeben,
nicht aber eines, so die Mär,
im Wasser ausgelegen.
Sie führte diesen Schlag,
ein Kopf voraus im Wind;
der Fluss, der vor dir lag -
mir scheint, du warst nicht blind.

"They called it Annandale - and I was there
To flourish, to find words, and to attend:
Liar, physician, hypocrite, and friend,
I watched him; and the sight was not so fair
As one or two that I have seen elsewhere:
An apparatus not for me to mend -
A wreck, with hell between him and the end,
Remained of Annandale; and I was there.

"I knew the ruin as I knew the man;
So put the two together, if you can,
Remembering the worst you know of me.
Now view yourself as I was, on the spot -
With a slight kind of engine. Do you see?
Like this ... You wouldn't hang me? I thought not."

WIE FRANZ JUNG HINAUSGING

„Sie nannten es Franz Jung – und ich war da,
um zu beraten, trösten und um zu verweilen
als Heuchler, Arzt und Freund zu gleichen Teilen,
es war nicht angenehm, was ich da sah,
weit schlimmer noch als die von anderswo,
ein Apparat, kein Fall für meine Hände,
ein Wrack und nur die Hölle bis zum Ende,
der Rest von Jung, er machte mich nicht froh."

„Die Trümmer kannte ich und auch den Mann,
so mag sich daraus reimen, wer es kann,
was mich betrifft, so geht vom Schlimmsten aus.
Nun denken Sie doch mal, Sie wären ich
und hätten dieses Ding; so sieht es aus …
Sie würden mich nicht hängen, dachte ich."

FOR A DEAD LADY

No more with overflowing light
Shall fill the eyes that now are faded,
Nor shall another's fringe with night
Their woman-hidden world as they did.
No more shall quiver down the days
The flowing wonder of her ways,
Whereof no language may requite
The shifting and the many-shaded.

The grace, divine, definitive,
Clings only as a faint forestalling;
The laugh that love could not forgive
Is hushed, and answers to no calling;
The forehead and the little ears
Have gone where Saturn keeps the years;
The breast where roses could not live
Has done with rising and with falling.

The beauty, shattered by the laws
That have creation in their keeping,
No longer trembles at applause,
Or over children that are sleeping;
And we who delve in beauty's lore
Know all that we have known before
Of what inexorable cause
Makes Time so vicious in his reaping.

FÜR EINE TOTE

Nie mehr wird überfließend Licht
die nunmehr blassen Augen füllen,
nicht wird in andrer Augen Sicht
die Frauenwelt sich so verhüllen,
nicht Wunderglanz sich bebend regen
auf ihren zauberhaften Wegen,
von denen niemand, gleich wer spricht,
kann Vielfalt und Verlauf enthüllen.

Ihr Liebreiz, göttlich und bestimmt für sie,
blieb haften, doch vereitelt nicht;
das Lachen, das die Liebe nicht verzieh,
bleibt stumm und reglos, wenn man spricht.
Die Stirne nun, die kleinen Ohren -
an Plätzen, göttlich auserkoren;
der Brust, an der die Rose nicht gedieh,
ist Heben, Senken nicht mehr Pflicht.

Die Schönheit, vom Gesetz zerschlagen,
das auch die Schöpfung dirigiert,
entbehrt des Herzens lautes Schlagen,
von Kindesschlaf und Beifall inspiriert.
Und wir, der Schönheit Lauf ergründend
und hierbei Altbekanntes findend,
erfahren neu das unbeugsame Jagen,
das mitleidlos der Lauf der Zeit gebiert.

MINIVER CHEEVY

Miniver Cheevy, child of scorn,
    Grew lean while he assailed the seasons;
He wept that he was ever born,
    And he had reasons.

Miniver loved the days of old
    When swords were bright and steeds were prancing;
The vision of a warrior bold
    Would set him dancing.

Miniver sighed for what was not,
    And dreamed, and rested from his labors;
He dreamed of Thebes and Camelot,
    And Priam's neighbors.

Miniver mourned the ripe renown
    That made so many a name so fragrant;
He mourned Romance, now on the town,
    And Art, a vagrant.

Mininver loved the Medici,
    Albeit he had never seen one;
He would have sinned incessantly
    Could he have been one.

KARL-HEINRICH RITTER

Karl-Heinrich Ritter, Kind von Verachtung,
    verzehrte sich im Angriff auf die Zeiten;
er zollte seinem Dasein keine Achtung,
    ließ sich von guten Gründen leiten.

Karl-Heinrich liebte die Vergangenheit,
    als Schwerter glänzten über edlen Rössern;
und kühne Krieger schritten jederzeit
    für ihn zum Kampf vor stolzen Schlössern.

Karl-Heinrich liebte, was es gar nicht gab,
    der Traum war sein, die Arbeit war kein Muss;
von Theben träumte er und Arthurs Grab
    und von der Nachbarschaft des Priamus.

Karl-Heinrich sah bedauernd auf den Ruhm,
    der manchem Namen Duft verlieh;
ihn trieben schmerzhaft Liebeleien um
    und auch die Kunst, denn sie verweilte nie.

Karl-Heinrich liebte auch die Medici
    obwohl er niemals einen sah;
und jede Sünde fand er wert für sie,
    wär er nur einer oder ihnen nah.

Miniver cursed the commonplace
    And eyed a khaki suit with loathing;
He missed the medieval grace
    Of iron clothing.

Miniver scorned the gold he sought,
    But sore annoyed was he without it;
Miniver thought, and thought, and thought,
    And thought about it.

Miniver Cheevy, born too late,
    Scratched his head and kept on thinking;
Miniver coughed, and called it fate,
    And kept on drinking.

Karl-Heinrich fluchte aufs Normale,
    beäugte feine Kleider nur mit Ekel;
Er liebte mehr die eisern-anmutsvolle Schale
    mit dem Gewicht von tausend Schekel.

Karl-Heinrich strafte Gold nur mit Verachtung
    und war doch mürrisch, wenn's ihm fehlte;
der Zwiespalt trieb ihn Tag und Nacht herum,
    doch recht erfolglos, wie er nicht verhehlte.

Karl-Heinrich Ritter, viel zu spät geboren,
    kratzte sich und dachte ohne Ende,
nahm alles als vom Schicksal auserkoren
    und dann die Flasche in die Hände.

THE GIFT OF GOD

Blessed with a joy that only she
Of all alive shall ever know,
She wears a proud humility
For what it was that willed it so, -
That her degree should be so great
Among the favored of the Lord
That she may scarcely bear the weight
Of her bewildering reward.

As one apart, immune, alone,
Or featured for the shining ones,
And like to none that she has known
Of other women's other sons, -
The firm fruition of her need,
He shines anointed; and he blurs
Her vision, till it seems indeed
A sacrilege to call him hers.

She fears a little for so much
Of what is best, and hardly dares
To think of him as one to touch
With aches, indignities, and cares;
She sees him rather at the goal,
Still shining; and her dream foretells
The proper shining of a soul
Where nothing ordinary dwells.

DAS GESCHENK GOTTES

Gesegnet, wie nur sie es ist
mit Freude, niemand sonst bekannt,
zeigt sie, wie taktvoll stolz sie ist
für jenes, was es so befand,
dass sie so hoch erhoben sei
aus den Begünstigten des Throns,
dass sie fast nicht zu tragen sei,
die Last des wundersamen Lohns.

So einzig und so different,
für eine Welt voll Glanz gehauen,
und wie kein andrer, den sie kennt
von all den Söhnen andrer Frauen,
glänzt der, um den sie sehnlichst bat,
wie ein Gesalbter, lässt vergleißen,
die Sicht ihr, bis sie in der Tat
es Frevel wähnt, ihn Sohn zu heißen.

Die Überfülle lässt sie denken
in Ängsten und sie wagt es kaum,
ihn sich mit Schmerzen auszudenken,
verletzt und krank in einem Raum.
Sie sieht ihn mit dem Ziel vereint
in seinem Glanz und sieht vorher,
wie seine Seele ziemend scheint
mit nichts und niemand nebenher.

Perchance a canvass of the town
Would find him far from flags and shouts,
And leave him only the renown
Of many smiles and many doubts;
Perchance the crude and common tongue
Would havoc strangely with his worth;
But she, with innocence unwrung,
Would read his name around the earth.

And others, knowing how this youth
Would shine, if love could make him great,
When caught and tortured for the truth
Would only writhe and hesitate;
While she, arranging for his days
What centuries could not fulfil,
Transmutes him with her faith and praise,
And has him shining where she will.

She crowns him with her gratefulness,
And says again that life is good;
And should the gift of God be less
In him than in her motherhood,
His fame, though vague, will not be small,
As upward through her dream he fares,
Half clouded with a crimson fall
Of roses thrown on marble stairs.

Mag sein, wenn man die Leute fragte,
dass sie ihn fern vom Jubel dünkten,
und manche auch der Zweifel plagte,
wenn sie den Lächelnden bewinkten.
Mag sein, dass grob-banale Sicht
ihn demolierte, seine Werte,
doch sie, in arglos-schlichtem Licht,
sieht ihn gedruckt rund um die Erde.

Und andre, wissend, dass der Junge
zum Glänzen käme durch die Liebe,
verhielten windend sich die Zunge
kassierten sie für Wahrheit Hiebe.
Doch sie, die seinen Tagen schenkt,
was tausend Jahre nicht vollstrecken,
verwandelt ihn durch was sie denkt,
kann überall den Glanz erwecken.

Sie krönt ihn selbst mit Dankbarkeit
und nennt das Leben weiter gut;
und scheint die Gabe minder weit
in ihm als in der Mutterglut,
so wird sein Ruhm nicht minder tosen,
denn hoch im Traum lässt sie ihn schweben
in einer Wolke roter Rosen,
die Marmor einen Teppich weben.

CASSANDRA

I heard one who said: "Verily,
What word have I for children here?
Your Dollar is your only Word,
The wrath of it your only fear.

"You build it altars tall enough
To make you see but you are blind;
You cannot leave it long enough
To look before you or behind.

"When Reason beckons you to pause,
You laugh and say that you know best;
But what it is you know, you keep
As dark as ingots in a chest.

"You laugh and answer, 'We are young;
Oh, leave us now, and let us grow.'
Not asking how much more of this
Will Time endure or Fate bestow.

"Because a few complacent years
Have made your peril of your pride,
Think you that you are to go on
Forever pampered and untried?

KASSANDRA

Ich hörte einen "Wahrlich" sagen,
„Was kann ich euch zur Kenntnis geben?
Das Geld ist für euch wie mein Wort,
sein Zorn nur eure Furcht im Leben."

„Altare baut ihr ihm so groß,
und müsst trotz allem tastend gehen;
ihr könnt es nicht alleine lassen,
um was dahinter steht zu sehen."

„Wenn dann Vernunft zur Pause ruft,
lacht ihr und sagt, ihr wüsstet besser;
doch dieses euer Wissen ist
so stumpf wie ein bedecktes Messer."

„Ihr lacht und sagt, 'wir sind noch jung,
lass uns gewähren, lass uns sprießen',
nicht fragend, wieviel weiter noch
euch Zeit und Schicksal gehen ließen"

„Nur weil ein paar geneigte Jahre
euch euer Wagnis hoch belohnten,
denkt ihr, ihr könntet weiter spielen
mit Mächten, die euch noch verschonten?"

"What lost eclipse of history,
What bivouac of the marching stars,
Has given the sign for you to see
Millenniums and last great wars?

"What unrecorded overthrow
Of all the world has ever known,
Or ever been, has made itself
So plain to you, and you alone?

"Your Dollar, Dove, and Eagle make
A Trinity that even you
Rate higher than you rate yourselves;
It pays, it flatters, and it's new.

"And though your very flesh and blood
Be what the Eagle eats and drinks,
You'll praise him for the best of birds,
Not knowing what the Eagle thinks.

"The power is yours, but not the sight;
You see not upon what you tread;
You have the ages for your guide,
But not the wisdom to be led.

„Hat euch verlorene Dunkelheit,
ein Tag, als Sternenlauf verharrte,
nur den geringsten Wink gegeben,
dass eure Welt im Krieg erstarrte?"

„Welch nicht belegter Untergang
von allen, die die Welt benannte,
hat sich euch derart offenbart,
dass ihr und niemand sonst ihn kannte?"

„Für euch sind Adler, Geld und Taube
die Dreiheit, die ihr höher schätzt,
als selbst die eigene Person,
weil es sich zahlt und Dünkel wetzt.

„Obwohl der Adler euer Fleisch
und euer Blut verzehrt und trinkt,
nennt ihr ihn euren Lieblingsvogel,
nicht wissend, was er von euch denkt."

"Die Macht ist euer, nicht die Sicht;
ihr tretet blind auf dunkle Erden;
habt zwar die Zeiten, euch zu führen,
doch nicht Bedacht, geführt zu werden."

"Think you to tread forever down
The merciless old verities?
And are you never to have eyes
To see the world for what it is?

"Are you to pay for what you have
With all you are?" - No other word
We caught, but with a laughing crowd
Moved on. None heeded, and few heard.

„Wollt ihr auf ewig niedertreten,
was gnadenlos seit langem steht?
Und seht ihr je mit offenen Augen,
wie diese Welt ist, wie sie geht?"

„Steht ihr auch ein für eure Habe?"
war das, was wir zuletzt vernahmen,
als wir den Leuten lachend folgten,
die sich das nicht zu Herzen nahmen.

HILLCREST

No sound of any storm that shakes
Old island walls with older seas
Comes here where now September makes
An island in a sea of trees.

Between the sunlight and the shade
A man may learn till he forgets
The roaring of a world remade,
And all his ruins and regrets;

And if he still remembers here
Poor fights he may have won or lost, -
If he be ridden with the fear
Of what some other fight may cost, -

If, eager to confuse too soon,
What he has known with what may be,
He reads a planet out of tune
For cause of his jarred harmony -

If here he venture to unroll
His index of adagios,
And he be given to console
Humanity with what he knows, -

HILLCREST

Kein Sturm, der tost um alte Mauern,
die hochbetagte Wasser säumen,
hier lässt der Herbst die Milde dauern
und schafft ein Eiland in den Bäumen.

Im Sonnenlicht und seinem Schatten
mag mancher lernend das vergessen,
was seine Tage nicht mehr hatten,
was blieb von dem, was er besessen.

Und wenn er hier an Kämpfe denkt,
armselig, ob gewonnen, ob verloren,
wenn ihn die Furcht mit Macht bedrängt
vor Ungemach, noch nicht geboren,

Wenn er zu eilig durcheinanderbringt,
was ihm bekannt und was noch außer Sicht,
die Welt ihm falsche Lieder singt,
weil ihm an Harmonie gebricht,

Wenn er es wagt, die Liste zu entfalten
die ihm die sanften Lieder nennt,
und auch die Eintracht zu gestalten
aus Mensch-Sein und dem, was er kennt,

He may by contemplation learn
A little more than what he knew,
And even see great oaks return
To acorns out of which they grew.

He may, if he but listen well,
Through twilight and the silence here,
Be told what there are none may tell
To vanity's impatient ear;

And he may never dare again
Say what awaits him, or be sure
What sunlit labyrinth of pain
He may not enter and endure.

Who knows to-day from yesterday
May learn to count no thing too strange:
Love builds of what Time takes away,
Till Death itself is less than Change.

Who sees enough in his duress
May go as far as dreams have gone;
Who sees a little may do less
Than many who are blind have done;

dann lässt ihn Überlegung sehen
was ihm noch fehlt in seinem Sinn,
wie große Eichen heimwärts gehen
zurück zu Eicheln, dem Beginn.

Wenn er sein Ohr der Stille leiht,
dann singt mit Zwielicht sie im Chor
die Weise, zu der niemand sonst bereit,
der Eitelkeit ins ungestüme Ohr;

Und er mag nie mehr sicher sein
und wagen was ihm droht zu sagen,
welch sonnenhelles Netz von Pein
sei zu betreten und ertragen.

Wem heute gilt, was gestern stimmt,
mag lernen, nichts zu fremd zu finden:
Die Liebe nutzt, was Zeit sich nimmt,
und lässt selbst Tod im Wandel schwinden.

Wer halbwegs sieht in seinem Zwang,
mag gehen, so weit Träume reichen;
wer wenig sieht, nimmt einen Gang,
des Schritte dem der Blinden gleichen.

Who sees unchastened here the soul
Triumphant has no other sight
Than has a child who sees the whole
World radiant with his own delight.

Far journeys and hard wandering
Await him in whose crude surmise
Peace, like a mask, hides everything
That is and has been from his eyes;

And all his wisdom is unfound,
Or like a web that error weaves
On airy looms that have a sound
No louder now than falling leaves.

Wer Seelen nicht in Banden wähnt,
dem kann nur jener Blick genügen,
den auch ein Kind hat, das nur kennt
die Welt im Glanze der Vergnügen.

Ein weiter Weg, mit Stein bedeckt,
erwartet den, der einfach denkt,
dass Frieden maskengleich versteckt
was Zeit ersinnt und zu ihm lenkt;

Und all sein Wissen ruht auf Sand,
gleicht einem Stoffe, hergestellt
auf etwas, das aus Luft bestand
und flüstert wie ein Blatt, das fällt.

EROS TURANNOS

She fears him, and will always ask
    What fated her to choose him;
She meets in his engaging mask
    All reasons to refuse him.
But what she meets and what she fears
Are less than are the downward years,
Drawn slowly to the foamless weirs
    Of age, were she to lose him.

Between a blurred sagacity
    That once had power to sound him,
And Love, that will not let him be
    The Judas that she found him,
Her pride assuages her almost
As if it were alone the cost. -
He sees that he will not be lost,
    And waits and looks around him.

A sense of ocean and old trees
    Envelops and allures him;
Tradition, touching all he sees,
    Beguiles and reassures him;
And all her doubts of what he says
Are dimmed with what she knows of days -
Till even prejudice delays
    And fades, and she secures him.

EROS TURANNOS

Sie fürchtet ihn und wird sich immer fragen,
    was sie bewog, als sie ihn wählte;
sie sieht ihn sanfte Masken tragen
    und weiß, dass sie ihn scheuen sollte.
Doch was sie sieht und sie mit Furcht erfüllt,
spielt nicht die Rolle, die die Strömung spielt
des Alters, die das Wehr schaumlos umspült,
    und die ihr drohte, wenn er gehen sollte.

Zwischen Scharfblick, nun verschwommen,
    der ihn am Anfang loten konnte,
und Liebe, die die Sicht genommen
    auf Judas, den er zeigen konnte,
besänftigt sie ihr Stolz zumeist
als wäre er allein der Preis.
Und er, der sich gehalten weiß,
    kann warten, was sich bieten sollte.

Ein Duft von Meer und alten Bäumen
    umhüllt ihn und verführt ihn,
die Dinge, die die Wege säumen,
    betören und bestärken ihn.
Bezweifelt sie auch, was er sagt,
es wird geschönt, weil Zeit sie plagt
und selbst ihr Vorurteil zernagt
    und sie ihm schenkt, als Retterin.

The falling leaf inaugurates
    The reign of her confusion:
The pounding wave reverberates
    The dirge of her illusion;
And home, where passion lived and died,
Becomes a place where she can hide,
While all the town and harbor side
    Vibrate with her seclusion.

We tell you, tapping on our brows,
    The story as it should be, -
As if the story of a house
    Were told, or ever could be;
We'll have no kindly veil between
Her visions and those we have seen, -
As if we guessed what hers have been,
    Or what they are or would be.

Meanwhile we do no harm; for they
    That with a god have striven,
Not hearing much of what we say,
    Take what the god has given;
Though like waves breaking it may be,
Or like a changed familiar tree,
Or like a stairway to the sea
    Where down the blind are driven.

Das Blatt, das fällt, erbaut den Thron
    für eine Macht der Konfusion,
das Meeresstampfen spielt den Ton
    vom Totenlied der Illusion.
Der Ort von Leidenschaft und Sterben,
wird nun die Zuflucht zum Verbergen,
wenn all die Stadt- und Hafenschergen
    sich heiß ergehn in Emotion.

Wir melden, skeptisch, wie man sieht,
    die Dinge, wie man sollte,
als ob das, was im Haus geschieht,
    uns jemals seine Wahrheit zollte.
Wir werden auch nicht gütig trennen,
was sie und wir die Wahrheit nennen,
als könnten wir ihr Denken kennen,
    das, was sie will und wollte.

Doch Schaden richten wir nicht an,
    denn wer mit einem Gott gerungen,
nimmt gern, was dieser geben kann,
    gewiss nicht achtend unsere Zungen.
Wie Wellenbrechen mag es sein,
wie jetzt verfärbter wilder Wein,
so wie ein Steg ins Meer hinein,
    für Blinde, schnell umschlungen.

Veteran Sirens

The ghost of Ninon would be sorry now
To laugh at them, were she to see them here,
So brave and so alert for learning how
To fence with reason for another year.

Age offers a far comelier diadem
Than theirs; but anguish has no eye for grace,
When time's malicious mercy cautions them
To think a while of number and of space.

The burning hope, the worn expectancy,
The martyred humor, and the maimed allure,
Cry out for time to end his levity,
And age to soften its investiture;

But they, though others fade and are still fair,
Defy their fairness and are unsubdued;
Although they suffer, they may not forswear
The patient ardor of the unpursued.

Poor flesh, to fight the calendar so long;
Poor vanity, so quaint and yet so brave;
Poor folly, so deceived and yet so strong,
So far from Ninon and so near the grave.

ALTGEDIENTE SIRENEN

Der Geist von Ninon wäre nicht bereit,
sie so zu sehend zu verhöhnen
in ihrem mutig-aussichtsslosen Streit,
auch weiterhin dem alten Tun zu frönen.

Das Alter bietet feineren Schmuck als ihren,
doch denkt die Angst an Anmut kaum,
wenn Gnad und Hohn der Zeit plädieren,
an Zahl zu denken und an Raum.

Die Hoffnung, brennend und doch fast verendet,
gequälte Stimmung und gelähmter Reiz
bestürmen Zeit, dass sie das Spiel beendet,
dass Alter Milde zeigt statt Geiz.

Wo andere welkend Schönheit wahren,
sind sie im Kampf um ihre unbesiegt;
sie wollen, leidend, sich bewahren
das Feuer, das im Unverfolgten liegt.

Du armes Fleisch, den Zeiten widerstehend,
du Eitelkeit, seltsam und kühn zugleich,
du arme Torheit, trotzdem aufrecht gehend,
so weit von Ninon, nah dem Schattenreich.

ANOTHER DARK LADY

Think not, because I wonder where you fled,
That I would lift a pin to see you there;
You may, for me, be prowling anywhere,
So long as you show not your little head:
No dark and evil story of the dead
Would leave you less pernicious or less fair -
Not even Lilith, with her famous hair;
And Lilith was the devil, I have read.

I cannot hate you, for I loved you then.
The woods were golden then. There was a road
Through beeches; and I said their smooth feet showed
Like yours. Truth must have heard me from afar,
For I shall never have to learn again
That yours are cloven as no beech's are.

NOCH EINE DUNKLE DAME

Denk nicht, nur weil ich frage, wo du bist,
dass ich mich regte, um dich dort zu sehen;
du magst an jedem Ort spazieren gehen,
so lang dein kleiner Kopf nur ferne ist:
Auch keine dunkle Sage aus dem Totenreich
nähm dir die böse Schönheit, wie sie war -
nicht einmal Lilit, mit dem goldnen Haar,
und Lilit, weiß ich, war dem Teufel gleich.

Da ich dich liebte, kann ich dich nicht hassen.
Ich sah das Gold der Buchen auf dem Weg
mit Füßen, glatt wie deine auf dem Steg.
Die Wahrheit aber nahm mich in die Pflicht,
ließ mich auf immer die Erkenntnis fassen:
die deinen sind gespalten, die der Buchen nicht.

THE MILL

The miller's wife had waited long,
The tea was cold, the fire was dead;
And there might yet be nothing wrong
In how he went and what he said:
"There are no millers any more,"
Was all that she had heard him say;
And he had lingered at the door
So long that it seemed yesterday.

Sick with a fear that had no form
She knew that she was there at last;
And in the mill there was a warm
And mealy fragrance of the past.
What else there was would only seem
To say again what he had meant;
And what was hanging from a beam
Would not have heeded where she went.

And if she thought it followed her,
She may have reasoned in the dark
That one way of the few there were
Would hide her and would leave no mark:
Black water, smooth above the weir
Like starry velvet in the night,
Though ruffled once, would soon appear
The same as ever to the sight.

DIE MÜHLE

Die Müllersfrau verharrte lange
vor kaltem Tee, das Flämmchen nagte,
und langsam machte sie doch bange,
wie er hinausging, was er sagte:
„Die Müller gibt es nun nicht mehr",
war alles, was sie von ihm hörte,
und er sah lange zu ihr her,
so lang, dass sie es gestern wähnte.

Ganz krank vor Ängsten ohne Form
war sie des Endes nun gewahr;
da war der Duft, präsent und warm
von Mehl, so wie er früher war.
Was sonst sich präsentierte schien
das, was er sagte, zu verstärken,
und was von einem Balken hing,
war nicht bereit, ihr Ziel zu merken.

Und dachte sie, dass es noch kam,
dann mochte sie im Dunkel schließen,
dass auf dem Wege, den sie nahm,
sich keine Spuren sehen ließen:
Das Wasser, schwarz und glatt am Wehr
wie dunkler Samt im Sternenschimmer,
zeigt schnelle Störung bald nicht mehr
und scheint den Augen so wie immer.

THE DARK HILLS

Dark hills at evening in the west,
Where sunset hovers like a sound
Of golden horns that sang to rest
Old bones of warriors under ground,
Far now from all the bannered ways
Where flash the legions of the sun,
You fade - as if the last of days
Were fading, and all wars were done.

DIE DUNKLEN HÜGEL

Ihr dunklen Hügel, abendlich im Westen,
wo Sonne schwebt und dämmert wie das Klingen
von goldenen Hörnern, die verwesten,
schon lang begrabenen Kriegern Ruhe bringen;
weit weg von ausgeflaggten Wegen,
die im Beschuss der Sonne liegen,
bleicht ihr – als ob der letzte Tag
verginge Hand in Hand mit allen Kriegen.

FIRELIGHT

Ten years together without yet a cloud
They seek each other's eyes at intervals
Of gratefulness to firelight and four walls
For love's obliteration of the crowd.
Serenely and perennially endowed
And bowered as few may be, their joy recalls
No snake, no sword; and over them there falls
The blessing of what neither says aloud.

Wiser for silence, they were not so glad
Were she to read the graven tale of lines
On the wan face of one somewhere alone;
Nor were they more content could he have had
Her thoughts a moment since of one who shines
Apart, and would be hers if he had known.

FEUERSCHEIN

Nicht eine Wolke, ein Jahrzehnt vorbei,
sucht eins des andren Augen dann und wann
aus Dank, dass Feuerschein zugegen sei
und dass die Liebe sich ein Haus gewann.
So heiter und so fest und regendicht
wie nirgendwo, gab es in ihrem Glück
nicht Schlange, Schwert, und außer Blick,
den Segen dessen, von dem keiner spricht.

Aus Weisheit stumm, wär ihnen Glück nicht treu,
wenn sie die tiefen Zeilen lesen müsste
auf dem Gesicht jetzt irgendwo allein;
und auch Zufriedenheit erwiese Scheu,
wenn er von ihrem Sehnen wüsste
nach einem, der ihr glänzt in hellem Schein.

LOST ANCHORS

Like a dry fish flung inland far from shore,
There lived a sailor, warped and ocean-browned,
Who told of an old vessel, harbor-drowned,
And out of mind a century before,
Where divers, on descending to explore
A legend that had lived its way around
The world of ships, in the dark hulk had found
Anchors, which had been seized and seen no more.

Improving a dry leisure to invest
Their misadventure with a manifest
Analogy that he may read who runs,
The sailor made it old as ocean grass -
Telling of much that once had come to pass
With him, whose mother should have had no sons.

VERLORENE ANKER

So wie ein trockner Fisch, an Land geworfen,
war da ein Seemann, braun und eingesunken,
von einem Schiff erzählend, hafennah ertrunken
und vom Gedächtnis lange schon verworfen,
wo Taucher, in der Absicht zu erkunden
was Schiffer hatte lange umgetrieben,
dort Anker fanden, in dem Rumpf verblieben,
dereinst ergriffen und nicht mehr gefunden.

Er nutzte seinen trocknen Ruhestand,
indem er um ihr Los ein Gleichnis wand;
so klar, dass auch dem Eilenden ein Futter,
und das er alt wie Seegras werden ließ,
berichtend das, was ihm einst Wind verblies,
dem Sohn der besser söhnelosen Mutter.

THE LONG RACE

Up the old hill to the old house again
Where fifty years ago the friend was young
Who should be waiting somewhere there among
Old things that least remembered most remain,
He toiled on with a pleasure that was pain
To think how soon asunder would be flung
The curtain half a century had hung
Between the two ambitions they had slain.

They dredged an hour for words, and then were done.
"Good-bye!... You have the same old weather-vane -
Your little horse that's always on the run."
And all the way down back to the next train,
Down the old hill to the old road again,
It seemed as if the little horse had won.

DAS LANGE RENNEN

Den Berg hinauf, zurück zum alten Haus,
zum Freund, der jung dort war vor fünfzig Jahren,
und wartete, wo noch die Sachen waren,
vergessen längst und ewig schon im Haus.
Er dachte sich mit qualerfüllter Freude,
wie bald der Vorhang auseinanderging,
der fünfzig Jahre zwischen ihnen hing
zur Trennung der zerstörten Traumgebäude.

Sie schienen keine Worte mehr zu kennen.
„Adieu! Du hast noch immer, was dich trug -
Das kleine Pferd, allzeit bereit zum Rennen."
Und auf dem Weg, der ihn hinunter trug
zur alten Straße und dann weiter bis zum Zug,
war wohl das Pferd der Sieger in dem Rennen.

MANY ARE CALLED

The Lord Apollo, who has never died,
Still holds alone his immemorial reign,
Supreme in an impregnable domain
That with his magic he has fortified;
And though melodious multitudes have tried
In ecstasy, in anguish, and in vain,
With invocation sacred and profane
To lure him, even the loudest are outside.

Only at unconjectured intervals,
By will of him on whom no man may gaze,
By word of him whose law no man has read,
A questing light may rift the sullen walls,
To cling where mostly its infrequent rays
Fall golden on the patience of the dead.

VIELE SIND GERUFEN

Der Gott Apollo, der noch immer lebt,
regiert allein auf immer gleiche Art,
hat magisch sein beschirmtes Reich bewahrt,
das fortbesteht, auch wenn die Erde bebt.
Wenn auch von Klang und Ton beseelte Massen
ihn locken in geist- und weltlichem Befang,
verzückt, mit Angst und ohne Widerklang,
will er selbst Schreiern nicht den Zugang lassen.

Nur manches Mal und völlig unbestimmt,
nach dessen Willen, den kein Mensch erblickt,
nach seinen nie gelesenen Belegen,
ist da ein Spalt im Wall, den nichts durchdringt,
wohin ein Licht die goldnen Strahlen schickt,
sich der Geduld der Toten aufzulegen.

THE SHEAVES

Where long the shadows of the wind had rolled,
Green wheat was yielding to the change assigned;
And as by some vast magic undivined
The world was turning slowly into gold.
Like nothing that was ever bought or sold
It waited there, the body and the mind;
And with a mighty meaning of a kind
That tells the more the more it is not told.

So in a land where all days are not fair,
Fair days went on till on another day
A thousand golden sheaves were lying there,
Shining and still, but not for long to stay –
As if a thousand girls with golden hair
Might rise from where they slept and go away.

DIE GARBEN

Wo lange Zeit der Wind die Schatten rollte,
ergab sich grüner Weizen schließlich seinem Ziel,
und durch Magie, auf die kein Mensch verfiel,
erglänzte immer mehr die Welt im Golde.
Wie nichts, was man auf Märkten zeigt,
hat sie mit Leib und Geist verharrt,
und mit dem mächtigen Wollen jener Art,
das mehr erzählt, je mehr man ihm verschweigt.

So haben dort, wo Tage Sonne sparen,
sich schöne Tage so lang aufgereiht,
bis überall die goldenen Garben waren,
leuchtend und still, doch nicht auf lange Zeit -
eintausend Mädchen gleich, mit goldenen Haaren,
vom Schlaf erwacht und nun zu gehen bereit.

KARMA

Christmas was in the air and all was well
With him, but for a few confusing flaws
In divers of God's images. Because
A friend of his would neither buy nor sell,
Was he to answer for the axe that fell?
He pondered; and the reason for it was,
Partly, a slowly freezing Santa Claus
Upon the corner, with his beard and bell.

Acknowledging an improvident surprise,
He magnified a fancy that he wished
The friend whom he had wrecked were here again.
Not sure of that, he found a compromise;
And from the fullness of his heart he fished
A dime for Jesus who had died for men.

KARMA

Vor ihm das Fest und es war alles gut,
nur manche Risse, die nicht hingehörten,
in Gottes Bildern und ihn sehr verstörten.
Der Freund, ihm fehlte damals nur der Mut.
War er denn schuldig an dem Blut?
Und der Gedanke ging ihm ein und aus,
hervorgerufen durch den Nikolaus,
mit seinem Bart und seinem roten Hut.

Ganz unverhofft ließ ihn die Laune schlittern
zu diesem Bild, das nun groß in ihm stand:
der Freund, den er zerstörte, möge leben.
Sich nicht ganz sicher, konnte er es klittern,
indem er herzensgut noch eine Münze fand
für Jesus, der sein Blut für uns gegeben.

EN PASSANT

I should have glanced and passed him, naturally,
But his designs and mine were opposite;
He spoke, and having temporized a bit,
He said that he was going to the sea:
"I've watched on highways for so long," said he,
"That I'll go down there to be sure of it."
And all at once his famished eyes were lit
With a wrong light – or so it was to me.

That evening there was talk along the shore
Of one who shot a stranger, saying first:
"You should have come when called. This afternoon
A gentleman unknown to me before,
With deference always due to souls accurst,
Came out of his grave – and not too soon."

EN PASSANT

Nur schnell vorbei, so denk ich hinterher,
doch war sein Plan von meinem sehr verschieden;
er setzte an, ist aber still geblieben,
und sagte dann, er ginge jetzt zum Meer.
„So lange schon, dass ich den Weg bewachte,
ich geh jetzt hin und mach die Sache dicht",
und während er dies sagte, schien ein Licht
in seinen Augen – ungut, wie ich dachte.

Am Abend dann erzählte man am Strand,
dass einer mordete und wissen ließ:
„Du kamst nicht, ungleich jenem heut
am Nachmittag, er war mir unbekannt,
der den Verfluchten Achtsamkeit erwies,
und der sein Grab verließ – zur rechten Zeit"

NEW ENGLAND

Here where the wind is always north-north-east
And children learn to walk on frozen toes,
Wonder begets an envy of all those
Who boil elsewhere with such a lyric yeast
Of love that you will hear them at a feast
Where demons would appeal for some repose,
Still clamoring where the chalice overflows
And crying wildest who have drunk the least.

Passion is here a soilure of the wits,
We're told, and Love a cross for them to bear;
Joy shivers in the corner where she knits
And Conscience always has the rocking-chair,
Cheerful as when she tortured into fits
The first cat that was ever killed by Care.

NEUENGLAND

Hier, wo es stetig bläst von Nord-Nord-Ost
wo Kinder auf gefrorenen Zehen gehen,
da wächst der Neid auf andere, wenn sie sehen
wie jene so in Liebe schwelgen statt in Frost,
dass man sie hören kann in den Spelunken,
wo selbst die Teufel um die Ruhe flehen,
wo sie noch toben, wenn die Kelche übergehen
und jene lautest schrein, die nichts getrunken.

Die Leidenschaft verbiegt hier den Verstand,
sagt man, und Liebe ist ein Kreuz zu tragen,
die Freude strickt abseits mit kalter Hand
und das Gewissen fand nie Grund zu fragen,
auch als man erstmals Möglichkeiten fand,
durch Kümmern eine Katze totzuplagen.

A Christmas Sonnet

While you that in your sorrow disavow
Service and hope, see love and brotherhood
Far off as ever, it will do no good
For you to wear his thorns upon your brow
For doubt of him. And should you question how
To serve him best, he might say, if he could,
"Whether or not the cross was made of wood
Whereon you nailed me, is no matter now."

Though other saviors have in older lore
A Legend, and for older gods have died -
Though death may wear the crown it always wore
And ignorance be still the sword of pride -
Something is here that was not here before,
And strangely has not yet been crucified.

EIN WEIHNACHTSSONETT

Solange dir, der du in Sorgen wendest
dich weg von Hoffnung, Kirche und Gebet,
die Liebe und die Einigkeit entgeht,
tut dir nicht gut, dass du aus Zweifel fändest,
du trügest seine Dornen auf dem Haupt.
Gefragt von dir, wie ihm zu dienen sei,
so sagte er, „Woraus es war, ist einerlei,
solange ihr, dass ihr mich anschlugt, glaubt".

Auch wenn es Retter gibt, die länger schon
bekannt sind und für ältere Götter starben -
auch wenn der Tod mit alter Krone ging'
und Ignoranz hätt' weiter Stolz als Lohn -
ist etwas reif, zeigt sich in goldnen Garben,
das jenem Kreuz ganz wundersam entging.

Anmerkungen

Vorbemerkung

Die folgenden Anmerkungen sind als Deutungshilfe gedacht. Sie sind unterschiedlich lang, je nachdem, wie zugänglich und wie gelungen das beschriebene Gedicht mir erschien. Herausragende und gleichzeitig schwer zugängliche Gedichte sind ausführlicher besprochen, alle anderen nur in knapper Form.

Es liegt nicht in meiner Absicht, dem Leser die Möglichkeit zur eigenen Interpretation zu nehmen. Doch meiner Erfahrung nach profitiert selbst der aufmerksame und geduldige Leser von einer alternativen Auslegung. Für die Gedichte Robinsons, der dem Leser häufig die Ergänzung seiner fragmentarisch erzählten Geschichten überlässt, gilt dies im besonderen Maße. Das Fragmentarische und Ambivalente dieser Gedichte setzt der Interpretation allerdings auch Grenzen. Das Gedicht gibt einen Deutungsrahmen vor, innerhalb dessen man plausible Interpretationen gegeneinander abwägen kann. Die Festlegung auf eine einzige bestimmte Deutung wäre pure Spekulation.

Biographische Bezüge habe ich in den Anmerkungen nur ausnahmsweise hergestellt, nämlich dort, wo das Gedicht sich an einen besonderen Personenkreis in der Umgebung des Dichters wendet, wie in *Dear Friends* (*Liebe Freunde*), oder wenn im Gedicht ein Bezug zu einem bestimmten Ort hergestellt wird, der im Leben des Autors eine bedeutende Rolle spielte, wie dies in *Hillcrest* der Fall ist. Für den interessierten Leser finden sich in Scott Donaldsons Biographie Hinweise in Hülle und Fülle über Personen und Situationen, die dem Dichter als Inspiration für Gedichte dienten. Für die Auslegung eines Gedichts sind solche Informationen aber in den seltensten Fällen wichtig. Gedichte sprechen für sich selbst.

Dear Friends | Liebe Freunde

Das Sonett *Dear Friends* ist eines der wenigen leicht zugänglichen Gedichte Robinsons. Wie uns Robinsons Biograph Scott Donaldson erzählt, hat es einen unmittelbaren Bezug zur Person des Dichters und seinen Lebensumständen. Robinson, der in der Kleinstadt Gardiner im Bundesstaat Maine aufwuchs und dort auch die ersten Jahre seiner Dichterlaufbahn verbrachte, verspürte bei seinen Nachbarn wenig Verständnis für seine Arbeit und seinen Lebensentwurf. Donaldson berichtet, dass es drei Grundsteine gegeben habe, an denen die Gesellschaft von Gardiner ihr Leben ausrichtete: einen ausgeprägten Materialismus, strenge viktorianische Moralvorstellungen und ein puritanisches Arbeitsethos. Einem Mann, der zwar bemüht war, sein Elternhaus in Stand zu halten, seine übrige Zeit aber vollständig dem Dichten widmete, brachte diese Gesellschaft wenig Verständnis entgegen.

Das Sonett ist in umgänglichem Ton geschrieben, jedoch findet Robinson darin sehr deutliche Worte für seine Mitbürger. Die Schlusszeile enthält einen handfesten Hinweis auf ihren Materialismus, eine Haltung, die er zutiefst verabscheute.

Auch wenn man das Sonett ohne Kenntnis dieses autobiographischen Hintergrunds liest, ist die Deutung nicht schwieriger und vielleicht sogar fruchtbarer. Man erfährt, dass der Sprecher eine Tätigkeit ausübt, die von seinen Mitmenschen missbilligt wird, obwohl sie ihnen nicht schadet und ihnen darüber hinaus auch noch nützliche Erkenntnisse vermitteln könnte. Die Botschaft ist so klar und explizit wie selten in Robinsons Gedichten: urteilt nicht vorschnell, denkt lieber über euren Tellerrand hinaus.

Richard Cory | Richard Cory

Dieses Gedicht ist eines von Robinsons bekanntesten und wurde häufig in Anthologien abgedruckt. Paul Simon hat daraus 1960 ein Lied gemacht.

Die Handlung ist simpel, hat aber einen überraschenden Ausgang. Zunächst wird ein Mann geschildert, der offensichtlich sein Glück gefunden hat; er ist reich, gesund und sportlich, gebildet und verfügt über gute Umgangsformen. Dann, im zweiten Teil, geht der Sprecher, offensichtlich eine Person aus derselben Stadt, auf die Bewunderung der Stadtbevölkerung ein. Auch etwas Neid wird erkennbar. Offensichtlich ist die Lage der Bevölkerung prekär, denn alle wären gerne an Richard Corys Stelle gewesen. Der überraschende Freitod des Protagonisten, in der allerletzten Zeile geschildert, trifft den Leser wie ein Schock.

Vordergründig ist Richard Cory ein Beispiel dafür, wie sehr der äußere Anschein täuschen mag. Tiefer geht die Frage, ob die Kriterien, welche die Bürger anlegten, als sie den Protagonisten als Glückspilz einstuften, auch die richtigen waren.

An Old Story | Eine alte Geschichte

Dass man oft den Wert einer Person erst erkennt, wenn man sie verloren hat, ist tatsächlich eine alte Geschichte.

Bemerkenswert an diesem Gedicht ist zum einen die Form. Gedichte mit so unterschiedlich langen Zeilen hat Robinson selten geschrieben. Hier ist dabei ein ausgesprochen melodischer Text herausgekommen. Darüber hinaus ist die zweite Strophe ein wahres Kabinettstück. Es ist darin auf kleinstem Raum eine überaus komplizierte Beziehung zwischen dem Sprecher und dem Freund dargestellt, ohne dass Eleganz und Leichtigkeit daran Schaden genommen hätten.

Luke Havergal | Franz Haberkorn

Drei Personen spielen in diesem rätselhaften Gedicht eine Rolle. Da ist der Sprecher, der den Protagonisten Luke Havergal (Franz Haberkorn) dazu überreden will, sich das Leben zu nehmen. Wir erfahren nicht viel über diesen Sprecher, außer dass er sich, wie er behauptet, aus einem Grab zu Wort meldet. Die dritte Person ist eine Frau, die offensichtlich ebenfalls tot ist, und deren Tod der Grund für die Verzweiflung ist, die Luke Havergal befallen hat. Ob Havergal an ihrem Tod eine Schuld oder eine Mitschuld trifft, ob sie sich selbst das Leben genommen hat, darüber können wir nur spekulieren. Es würde gut passen. Das Gedicht sagt darüber aber nichts aus.

Osten und Westen, Orte von Sonnenaufgang und Sonnenuntergang, fungieren als Metaphern für den Anfang und das Ende, den Tod. Ebenfalls für das Lebensende, vielleicht für ein gewaltsames, stehen die blutroten Reben mit ihren welken, fallenden Blättern an der Wand des Westtors.

Havergal selbst kommt im Gedicht nicht direkt zu Wort. Jedoch bemüht sich der Sprecher ab dem Beginn der zweiten Strophe (No, there is not ...) etwaige Bedenken Havergals gegen den Freitod auszuräumen. Er nimmt diese Bedenken vorweg und trachtet danach, sie zu widerlegen: dass Luke vielleicht ein Neuanfang gelingen könnte (there is no dawn in eastern skies), dass es vielleicht einen anderen Weg gäbe, mit der Verzweiflung fertig zu werden (the dark will end the dark, if anything), dass er mit einem Freitod gegen Gottes Gebot verstieße. Dem letzten Einwand wird vom Sprecher mit recht spitzfindigen Argumenten widersprochen, nämlich, dass auch Gott mit jedem fallenden Blatt sich selbst töte und dass die Hölle mehr sei als das halbe Paradies. Manche Interpreten hat dies schon zu dem Schluss geführt, dass es sich bei dem Sprecher um Satan selbst handle. Andere, mehr aus psychologischer Sicht argumentierende Kritiker vermuten, dass der Sprecher nur eine von zwei in Luke Havergal miteinander streitenden Stimmen ist.

Ob Luke Havergal den Überzeugungsversuchen des Sprechers zum Opfer fällt, ob er „durch das Westtor" geht", bleibt offen. Für die Deutung des Gedichts ist dies auch ohne Belang. Es geht um die Verzweiflung des Protagonisten und um seine Seelennöte.

The House on the Hill | Das Haus auf dem Hügel

Dieses Gedicht ist eine Villanelle, und es ist die einzige Villanelle von Robinson, die Eingang in die Anthologien gefunden hat. Eine Villanelle ist, wie das Sonett, eine Gedichtform mit sehr einschränkenden Strukturregeln. Sie besteht aus insgesamt 19 Zeilen, die sich auf fünf dreizeilige Strophen und eine vierzeilige Strophe am Ende verteilen. Die erste und die dritte Zeile des ersten Terzetts werden abwechselnd am Ende der folgenden Terzette wie ein Refrain wiederholt. Am Ende des Schlussquartetts treffen dann beide Refrains aufeinander.

Gegenstand des Gedichts ist ein verlassenes und verfallenes Haus auf einem Hügel, dem der nicht näher bezeichnete Sprecher einen Besuch abstattet. Er kennt es wohl von früher, und es ist wahrscheinlich, dass das Haus und seine in jener Zeit noch anwesenden Bewohner damals schon Objekte der Neugier und des Klatsches der Ortsbewohner waren.

Das Gedicht selbst sagt nichts darüber aus, was der Sprecher an diesem unwirtlichen Tag auf dem Hügel sucht und ob er überhaupt etwas Bestimmtes sucht. Klar ist nur, dass er in Begleitung dort umherstreift und sich in Gedankenspielen ergeht. Der Sprecher kommt schließlich zu dem Schluss, dass er und seine Begleiter überhaupt nichts über die einstigen Bewohner wissen und dass sie durch ihren Besuch auch nichts erfahren werden.

Reuben Bright | Hermann Brecht

Zunächst sei das Naheliegende konstatiert: der Sprecher gibt sich in diesem Sonett als Anwalt einer verkannten und unterschätzten Gruppe. Hier sind es Menschen wie Reuben Bright, die einen Beruf ausüben, der zwar überaus wichtig ist, der aber ein schlechtes Image hat. Der Sprecher schildert detailliert, wie empathisch, empfindsam und kultiviert dieser Mann ist und wendet sich damit indirekt gegen den Snobismus der Schreibtischarbeiter, die mit solchen Leuten nichts zu tun haben wollen.

Es gibt zwei Rätsel in diesem Gedicht, deren Lösung für die weitere Deutung von Bedeutung sein könnte. Das erste ist die Frage, woran die Frau von Reuben Bright sterben musste. Erlag sie einer Krankheit oder einem gewaltsamen Tod? Nach dem ersten flüchtigen Lesen ist man versucht zu sagen, es könne sich nur um eine Krankheit gehandelt haben. Den Passus „they told him that his wife must die" interpretieren wir als eine Aussage von Ärzten am Krankenbett. Dieser Auslegung steht der Rest der Geschichte nicht unbedingt entgegen, aber es ist auch nicht die einzige. Andere Möglichkeiten wären z.B., dass die Frau von einem aufgebrachten Mob getötet wurde oder dass sie wegen eines schweren Verbrechens zum Tode verurteilt wurde.

Während dieses erste Rätsel von vielen gar nicht bemerkt wird, ist beim zweiten offensichtlich, dass es sich um ein Rätsel handelt: Weshalb reißt Reuben Bright das Schlachthaus nieder? Die Antwort darauf hängt sicher davon ab, wie man sich die erste Rätselfrage beantwortet.

Für jede der beiden Alternativen, Krankheit oder gewaltsamer Tod, können wir versuchen, eine plausible Antwort auf die zweite Frage zu finden. War Krankheit die Todesursache, so könnte Reuben Bright beispielsweise diesen Tod als Anlass nehmen, sich von einem Beruf zu trennen, den er nicht gerne ausübte, aber trotzdem ausgeführt hatte, um seiner Frau ein angenehmes Leben bieten zu können.

Wenn Reuben Brights Frau aber eines gewaltsamen Todes starb, lässt sich der Abriss des Schlachthauses noch plausibler begründen. Weshalb sollte er weiter für die anderen töten, wenn sie ihn einerseits dafür verachteten, andererseits aber selbst sein Liebstes getötet hatten?

Credo | Kredo

Wie der Titel nahelegt, enthält dieses Sonett ein Glaubensbekenntnis. Wer der Sprecher ist, wird nicht enthüllt und es ist gut möglich, dass er hier für den Autor spricht.

Das Gedicht besteht inhaltlich aus zwei Abschnitten, die jedoch nicht mit den Strophen übereinstimmen. Es beginnt mit der Beschreibung einer (Lebens-) Reise und mündet in den letzten beiden Zeilen in das bereits erwähnte Glaubensbekenntnis. Was das Gedicht rätselhaft macht, ist die Diskrepanz zwischen der desolaten Reise einerseits und der Überzeugung und der Festigkeit andererseits, mit denen der Sprecher am Ende sein Kredo ausspricht.

Der Sprecher nutzt Bezüge auf die Reise der drei Weisen aus dem Morgenland, um die eigene Orientierungslosigkeit und Verlorenheit zu unterstreichen (I cannot find my way … there is no star… not a whisper in the air … not a glimmer, nor a call …). Anders als den drei Weisen der Geschichte, die von einem Stern geleitet wurden und die in einer Welt lebten, in der Übersinnliches noch leichter als Hinweis akzeptiert wurde, stehen dem Sprecher in seiner nüchternen gegenwärtigen Welt solche Zeichen nicht mehr zur Verfügung. Vor diesem Hintergrund ist sein Kredo, das einzig auf den überlieferten Botschaften und einem erfühlten Wissen beruht, eine bemerkenswert starke Manifestation seines Glaubens.

Probleme für die Deutung und damit auch für die Übersetzung bereitet die Formulierung „For through it all – above, beyond it all" im zweiten Teil. Es ist nicht klar, worauf sich das „it" bezieht und ob es überhaupt einen formalen Bezug dafür

gibt. Gibt es einen formalen Bezug, so kämen als Bezugs-
punkte das Chaos aus der Vorzeile oder die Botschaft (mes-
sage) der Folgezeile in Frage. Wahrscheinlicher ist jedoch,
dass das „it" keinen formalen Bezug hat, sondern dass damit
die Gesamtheit der Erscheinungen gemeint ist, mit denen sich
Gott gegenüber dem Sprecher äußert bzw. nicht äußert. Dieser
Annahme folgt auch die Übersetzung.

The Clerks | Die Verkäufer

Wie bei so vielen seiner Gedichte, befriedigt der Autor auch in
diesem Sonett die Neugierde seiner Leser nur mit Indizien, die
er zudem sehr zögerlich preisgibt. Das Wort „Clerk" hat meh-
rere Bedeutungen, es kann sich bei einem Clerk um einen Sek-
retär, einen Schriftführer, einen Büroangestellten, einen Buch-
halter, einen Bankangestellten, einen Portier oder auch um ei-
nen Verkäufer handeln. Erst in den letzten drei Zeilen des Ge-
dichts trifft der Leser auf einen indirekten Hinweis, welche Art
von Clerk gemeint sein könnte. Dort wird ausgesagt, dass Po-
eten und Könige auch nichts anderes täten, als langweilige Ge-
webe aufeinander zu stapeln und aus den Jahren immer diesel-
ben miesen Teile herauszuschneiden. Da dies offensichtlich ein
Vergleich ihrer Tätigkeit mit denen der „Clerks" ist, kann man
vermuten, dass jene als Verkäufer in einer Tuchhandlung ar-
beiten.

Der erste Teil des Sonetts ist ganz der Beschreibung der
Verkäufer gewidmet. Der Sprecher, der wohl viele Jahre das
Geschäft nicht mehr aufgesucht hat, findet bei einem neuerli-
chen Besuch dort dieselben Verkäufer wie früher vor. Sie ha-
ben den Jahren Tribut zollen müssen, wirken verstaubt und alt-
modisch, strahlen aber immer noch dieselbe Güte und Mensch-
lichkeit aus wie vor vielen Jahren.

Im zweiten Teil des Sonetts wird eine Gruppe von Personen
direkt angesprochen. Diese Gruppe wird zwar nicht beim Na-
men genannt, aber in ihrer Attitüde näher beschrieben: sie

brennen darauf, vornehm zu erscheinen oder laben sich aus dem Wissen um ihre Abstammung. Diesen Leuten, die sich aus der Masse derer herausgehoben fühlen, die nicht glänzen, sondern ohne Getöse ihrer Arbeit nachgehen, rückt der Sprecher nun den Kopf zurecht. Sinngemäß: Selbst Poeten und Könige seien dem Lauf der Zeit unterworfen und können nur schlecht und recht damit handeln, was diese ihnen zur Verfügung stellt.

Aaron Stark | Aaron Stark

Aaron Stark hat manches gemein mit *Reuben Bright*. Bei beiden Gedichten handelt es sich um Sonette, beide hören sich gut an, und in beiden wird nach einer scheinbar leicht verständlichen Schilderung am Schluss ein Geschehen präsentiert, welches Rätsel aufgibt und Anlass ist, das Vorhergehende noch einmal aufmerksam durchzulesen. In *Reuben Bright* ist dieses Geschehen das Niederreißen des Schlachthauses, in *Aaron Stark* das Lachen des Protagonisten.

Den Vornamen Aaron scheint Robinson nicht nur wegen des Klangbilds gewählt zu haben. Aaron war nach dem zweiten Buch Moses dessen älterer Bruder, und er war auch der erste Hohepriester der Israeliten. Er verletzte die Würde des Amtes, als er aus dem Schmuck der israelischen Frauen ein goldenes Kalb gießen und verehren ließ.

Im ersten Teil des Sonetts wird nahezu ausschließlich beschrieben, wie Aaron Stark auf seine Umwelt wirkte. Wir erfahren, dass er mager, ungepflegt und mürrisch war, dass er ein Geizhals war und eine dazu passende Nase besaß und dass seine Augen in der Dunkelheit wie Dollarmünzen schienen. In Bezug auf seine Redeweise wird er mit einem Hund verglichen, der kurz davor ist loszubellen.

Im zweiten Teil erfahren wir, wie Aaron Stark selbst auf seine Umgebung reagierte. Wir lesen aber auch, dass er behindert war, dass er an einem Stock ging und dass er ein Ausgestoßener ohne Liebe war. Die Strophe schließt dann mit jener rätselhaften Aussage, dass Aaron nur dann gelacht habe, wenn ihm Mitleid entgegengebracht wurde.

Wir können mit einiger Sicherheit davon ausgehen, dass dieses Lachen ein zynisches war. Ein Mann, der dankbar die Wärme der Mitmenschen genießt, würde eher lächeln als lachen. Doch auch zynisches Lachen kann unterschiedliche Ursachen haben. Welche dies im Fall von Aaron Stark sind, hängt wesentlich davon ab, wie das Bild zustande kam, das er in der Öffentlichkeit abgab.

Eine sorgfältige Lektüre des ersten Teils offenbart uns, dass die Beschreibung Aarons durch massive Vorurteile geprägt ist. Da ist zunächst die Verbindung, welcher der Sprecher zwischen einer körperlichen und einer charakterlichen Eigenschaft schlägt („Geizhalsnase") und die zudem ein Vorurteil des Sprechers offenbart, welches sich an der jüdischen Herkunft Aarons stößt. Ein weiteres Vorurteil manifestiert sich in der Aussage, dass Aarons Augen in der Dunkelheit wie Dollars erschienen. Eine solche Wahrnehmung ist offensichtlich durch die Erwartung des Sprechers geprägt. Ein unvoreingenommener Beobachter hätte genauso gut konstatieren können, dass Aarons Augen wie Sterne funkelten.

Wir können also nicht ausschließen, dass die Sicht der Anderen auf Stark durch massive Vorurteile geprägt war, die mit seiner Erscheinung, seiner Behinderung und seiner jüdischen Herkunft verbunden waren. In diesem Fall wäre Aaron Starks Lachen verständlich als Reaktion auf die Scheinheiligkeit der Mitleidsbezeugungen. Aber selbst wenn er dem Bild weitgehend entsprochen hätte, das sich die Anderen von ihm machten, wäre nicht auszuschließen, dass die ihm entgegengebrachten Vorurteile dazu beitrugen, dass er so wurde, wie er war.

Wie stark dieser äußere Einfluss auf ihn war, lässt sich aus dem Text nicht erschließen. Es gibt kein Schwarz und Weiß bei der Bewertung von Aaron Starks Charakter und Auftreten. Und je nachdem, wie stark die Allgemeinheit seine Persönlichkeit prägte, ist sein zynisches Lachen als mehr oder weniger ehrenwert einzuschätzen.

The Growth of „Lorraine" | Das Wachsen von „Lorraine"

Bei diesem Doppelsonett erweist sich der Dichter einmal mehr als genialer Konstrukteur, der mit seinen Mitteln effektvoll umgehen kann. Hier greift er ganz tief in die Werkzeugkiste. Bereits im Titel sendet er zwei Signale an den Leser. Da sind zunächst die Anführungszeichen um den Namen, die dabei helfen, die Tätigkeit der Protagonistin zu erraten; viel bedeutender ist aber das Signal, das von dem Wort „growth" (Wachsen) ausgesandt wird. Im weiteren Verlauf des Gedichts wirkt es immer befremdlicher auf den Leser, denn es steht im offensichtlichen Kontrast zum Verfall der Protagonistin.

Weitere Konstruktionsmerkmale betreffen den Sprecher, eine oberflächliche, mit Vorurteilen belastete Person, außerdem das bekannte Geizen mit Informationen, das Informieren durch Indizien und deren zögerliche Freigabe, sowie das In-der-Schwebe-Lassen am Ende, mit dem der Autor dem Leser zur Vervollständigung auffordert.

Schon ein flüchtiges Lesen offenbart, dass zwischen den beiden Sonetten eine zeitliche Lücke klafft. Das erste Sonett besteht fast völlig aus einer kleinen Rede, welche Lorraine an den Sprecher richtet und in deren Verlauf sie ihm klarmacht, dass eine weitere Verbindung zwischen ihnen beiden keinen Sinn macht und dass sie ihm nicht bieten kann, was er sich von ihr erwünscht. Offensichtlich hat er versucht, sie aus ihrer Umgebung herauszulösen. Lorraine bringt zur Begründung einige Punkte vor, die der Sprecher sicherlich einordnen kann, die beim Leser aber bestenfalls Ahnungen auslösen können. So spricht sie davon, dass sie zu denen gehöre, die zur Sklavin geboren seien und dass sie schon zu weit gegangen sei, um jetzt noch auf ein langsames Leben umzusteigen. Sie wäre nicht imstande, ein solches Leben zu führen. Außerdem habe sie, anders als manche andere Mädchen, nicht das Zeug zu einem Ausstieg, denn sie wisse dafür nicht genug. Sie schließt ihre Ausführungen mit der düsteren Bemerkung, dass sie wohl zum Teufel gehen werde (I'm going to the devil).

Spätestens an dieser Stelle keimt beim Leser die Vermutung, dass es sich bei Lorraine um eine Prostituierte handelt und wir wissen nun auch, weshalb der Name Lorraine im Titel in Anführungszeichen gesetzt ist: Es handelt sich um einen Arbeitsnamen. Wir können uns denken, dass der Sprecher sie überzeugen will, mit seiner Hilfe oder sogar mit ihm zusammen ein neues Leben zu beginnen. Es könnte sich um einen Freier handeln, aber auch um einen Pfarrer mit missionarischem Eifer. Darüber hinaus erfahren wir über den Sprecher im ersten Sonett sehr wenig. Offensichtlich nimmt er Lorraines Aussagen gefasst entgegen. Die Bemerkung, sie werde zum Teufel gehen, kommentiert er im Nachhinein sarkastisch mit „Und dies trat ein" (And she went).

Im zweiten Sonett präsentiert der Sprecher mit einigen Anmerkungen einen Abschiedsbrief von Lorraine, in dem sie ihn von ihrem Freitod informiert und gleichzeitig ein Resümee ihres Lebens zieht. Nicht die Reue über ihren Lebenswandel war demnach der Anlass für ihren Freitod, sondern die körperlichen Schäden, welche das von ihr geliebte rasante Leben an der Grenze angerichtet hat. Bemerkenswert ist die Diskrepanz in den Einstellungen, welche Lorraine und der Sprecher zueinander haben. Lorraine betrachtet den Sprecher als wahren Freund, welcher der Entscheidung für den von ihr gewählten Lebensweg Verständnis entgegenbringt. Sie hält es sogar für möglich, dass er darüber glücklich ist, dass sie in ihrer letzten Stunde an ihn dachte und dass sie in dem Bewusstsein in den Tod gehen konnte, ihr Leben nicht vergeudet zu haben.

Der Sprecher aber, der schon im ersten Sonett recht kühl erscheint, verliert den Nimbus des Freundes im zweiten Sonett ganz und gar. Offensichtlich hat er sich die ganze Zeit seit dem Gespräch aus dem ersten Sonett nicht um Lorraine gekümmert und er verspürt auch keine Trauer, als er von ihrem Freitod erfährt. Man hat zudem das Gefühl, dass in seinen Kopf gar nicht hineingeht, was Lorraine bewegte. Dass er trotzdem Lorraine in ihren letzten Stunden eine Hilfe war, ist die paradoxe Folge seiner Zurückhaltung.

Der seltsam anmutende Titel bleibt über den Schluss hinaus ein Rätsel und eine Herausforderung. Worin bestand Lorraines Wachsen? Die Antwort hängt sicherlich auch davon ab, ob wir die Frage aus der Sicht von Lorraine oder aus der Sicht des Sprechers sehen. Der Sprecher könnte den Freitod als einen Sieg Lorraines über ihre aus seiner Sicht abnorme Liebe zum schnellen, sexuell erfüllten Leben sehen, als ein Über-dieses-Leben-Hinauswachsen. Lorraine selbst kann für sich verbuchen, dass sie das von ihr gewählte Leben in Würde und ohne Selbstmitleid zu Ende führte und dass sie noch in ihrer allerletzten Stunde an den vermeintlichen Freund dachte und um sein Glück besorgt war.

The Whip | Die Peitsche

Dieses Gedicht hat schon vielen Lesern Rätsel aufgegeben. Dies liegt nicht nur daran, dass die zur Deutung notwendige Information nur zögerlich offenbart wird, sondern dass Robinson zusätzlich einige vernebelnde Bemerkungen eingestreut hat. Man macht sich am besten zunächst die Situation des Sprechers klar und versucht dann, seinem Gedankengang zu folgen.

Der Sprecher steht vor dem offenen Sarg eines Bekannten oder Freundes, der durch Suizid aus dem Leben geschieden ist. Anhand dessen, was er vor sich sieht und was er von dem Verstorbenen weiß, versucht er sich ein Bild von dem Geschehen zu machen. Er tut dies in einem fiktiven Gespräch mit dem Toten. Wir erfahren zunächst (erste Strophe), dass es mit diesem nicht zum Besten stand. Er war von Zweifeln geplagt, gedemütigt und litt unter Tyrannei.

In der zweiten Strophe wird enthüllt, dass der Suizid im Fluss erfolgte und dass er das Resultat einer Dreiecksgeschichte war, an der neben dem Toten noch eine Frau und deren Liebhaber beteiligt waren. Der Liebhaber war der Frau wohl so hörig, dass er vom Sprecher als Sklave (slave) bezeichnet wird. Frau und Liebhaber sind verschwunden, so dass andere sich um das Begräbnis des Toten kümmern mussten. Der Tote war offensichtlich der Partner der Frau und hatte diese geliebt („lover").

Der dritten Strophe entnehmen wir, dass der Tote sich mit den anderen beiden im Fluss befunden hatte. Er ließ die beiden zum Ufer weiterziehen, während er selbst im Wasser den Tod suchte und auch fand. An dieser Stelle seiner Rekapitulation stellt sich der Sprecher die Frage, ob der Verlust der Frau an den Liebhaber den Verstorbenen blind gemacht habe und ob er ein hinreichender Grund gewesen sei, in den Tod zu gehen.

In der vierten Strophe gibt uns der Sprecher indirekt noch einen weiteren Hinweis auf den Verlauf des Geschehens. Offensichtlich hatte der Tote die beiden anderen in einem wilden Rennen in den Fluss hinein verfolgt. Zudem entdeckt der Sprecher just in diesem Augenblick einen blauen Striemen auf dem Gesicht des Toten, was er dem Leser auch sogleich mitteilt.

In der fünften und letzten Strophe kommt der Sprecher zu dem Schluss, dass der Striemen dem Toten durch einen Peitschenhieb zugefügt wurde, den die Frau vom Pferd aus auf den nur knapp hinter ihr reitenden Verfolger (You but a neck behind) ausgeführt hatte. In den ersten vier Zeilen der Strophe bezieht sich der Sprecher auf das Gedicht *The Collar* von George Herbert, in dem der Gedanke an ein Seil aus Sand eine Rolle spielt. Ob diese Zeilen zum Verständnis beitragen, mag jeder für sich selbst beurteilen.

Wegweisend für die Rekonstruktion des Suizidmotivs aus den vorliegenden Indizien ist die fiktive Frage „shall I call you blind?", welche der Sprecher zweimal stellt, nämlich vor der Entdeckung des Striemens und danach. Während er im ersten Fall den Freitod nicht nachvollziehen konnte, kann er es am Ende dann doch. Erst durch den Peitschenhieb wurde dem Toten das Ausmaß des Hasses offenbar, den seine Partnerin ihm gegenüber empfand.

Dies ist ein dichtes, mit Informationen vollgepacktes Sonett, dessen Stärke weniger im Wohlklang liegt als in den Denkanstößen, die es dem Leser vermittelt. Trotz der Fülle an Information werden dem Leser nach und nach nur Bruchstücke einer Geschichte geliefert, aus denen er sich den Rest selbst zusammenreimen muss. Der Sprecher ist wohl ein Arzt, der zu einem Totkranken gerufen worden war. Der Zustand dieses Kranken, im englischen Original nur beim Nachnamen Annandale genannt, ist so hoffungslos und so erbarmenswert, dass der Sprecher von ihm als einem Wrack spricht und sich mit dem Pronomen „es" auf ihn bezieht. Zwischen dem Kranken und seinem Ende habe nur noch die Hölle gelegen. Woran der Kranke litt, wird nicht gesagt und es spielt auch keine Rolle. Ohnehin liegt das Hauptaugenmerk des Gedichts nicht auf ihm, sondern auf dem Sprecher.

An wen sich dieser in seiner Rede wendet, wird nicht explizit gesagt. Im zweiten Teil des Sonetts gibt es jedoch Hinweise darauf. Offensichtlich verteidigt der Arzt seine Handlung gegenüber einer dritten Person. Es mag sich hierbei um einen Richter handeln. Er bittet den Angesprochenen, sich in seine Lage zu versetzen, als er bei dem Kranken war und dessen Pein miterleben musste. Sei es da nicht angebracht gewesen, sich des kleinen Dings (einer Spritze?) zu bedienen, um der Qual ein Ende zu setzen?

Die Sprache, der sich der Sprecher bedient, seine Schnoddrigkeit und seine scheinbare Kälte, kennzeichnen ihn, zusammen mit seiner Handlung, als einen zutiefst humanen Menschen. Er verzichtet darauf, durch eine herzzerreißende Beschreibung der Qualen das Mitleid des Richters zu erregen. Er ist sich seiner eigenen Werte sicher, die in diesem Fall mit denen des Gesetzes im Widerspruch stehen. Er bittet nur um Verständnis und nimmt die Handlung auf seine Kappe.

Eine ebenfalls durch den Text gedeckte Variante dieser Interpretation ist, dass es sich bei der beschriebenen Tötung um eine Selbsttötung handelte und bei der Rede um eine fiktive Argumentation des Sprechers. Bei dem Richter könnte es sich in diesem Fall um Gott selbst handeln oder aber um einen gedachten Repräsentanten der herrschenden Moral, welche den Freitod verurteilt.

For a Dead Lady | Für eine Tote

Der Sprecher würdigt eine ihm offensichtlich gut bekannte Verstorbene, welche sich durch ihre Schönheit und ihr Auftreten aus der Masse hervorgehoben hatte. Das Gedicht ist kein euphorisches Loblied, sondern eine differenzierte Würdigung der Verstorbenen mit vielen Einschränkungen. Jede der drei Strophen ist einem Teil ihrer Persönlichkeit gewidmet: die erste dem Glanz, der von ihr ausging, die zweite ihrer Anmut, die dritte ihrer Schönheit. Doch bei jedem Teil macht der Sprecher neben dem Lob sogleich Abstriche. So ist der Glanz mit Undurchsichtigkeit gepaart, die Anmut mit Liebesproblemen, die Schönheit mit der Eitelkeit. Auf diese Weise zieht der Sprecher die Tote vom Podest der öffentlichen Bewunderung. Dies geschieht jedoch ohne einen Anflug von Häme oder Überheblichkeit. Am Ende bleibt die Trauer um einen Menschen wie du und ich, eine Frau, die auch ihre Last zu tragen hatte.

Miniver Cheevy | Karl-Heinrich Ritter

In *Miniver Cheevy* hat sich Robinson nach Aussage seines Biographen Scott Donaldson selbst aufs Korn genommen. Niemals hätte der so humane Autor eine andere Person mit so viel Spott überschüttet, wie es dem realitätsflüchtigen Protagonisten Miniver Cheevy in diesem Gedicht geschieht.

Das Gedicht liest sich ungewöhnlich luftig-leicht im Vergleich zu den meisten anderen Gedichten des Autors, die gewöhnlich mit Aussagen vollgestopft sind und längere Zeilen haben. Hier reichen dem Autor vierfüßige Verse und jeweils ein dreifüßiger Vers am Ende der Strophe. Diese Schlussverse setzen auch inhaltlich stets überraschende, fast schnoddrige Endpunkte. In der Übersetzung konnte diese Kürze nicht ganz erhalten werden.

The Gift of God | Das Geschenk Gottes

Eine besondere Art der Ambivalenz zeichnet dieses Gedicht aus. Zum einen könnte man meinen, bei der darin beschriebenen Mutter handle es sich um die Jungfrau Maria und der Sohn sei folglich Jesus, doch genauso gut kann es sich bei der Mutter um eine gewöhnliche Frau handeln, die ihren Sohn abgöttisch liebt und deshalb unfähig ist, seine Fähigkeiten realistisch zu beurteilen.

Der Autor tut nichts dazu, dem Leser Gewissheit zu geben. Im Gegenteil: so wie es in manchen Kriminalromanen geschieht, wird der Leser durch die Verteilung der Indizien gezielt zuerst in die eine Richtung geführt und dann in die andere. Zuerst legt ihm die Offenbarung der Spuren die Maria-Jesus-Deutung nahe. Die Kette der Indizien beginnt schon mit dem Titel und setzt sich dann bis zur letzten Strophe fort. In der fünften, der vorletzten Strophe, erfolgt noch eine Bestärkung der Deutung durch Anspielungen auf Apostel und Märtyrer:

And others, knowing how this youth
Would shine, if love could make him great,
When caught und tortured for the truth
Would only writhe and hesitate;

Erst in der letzten Strophe kommt der Leser an die Wendung, welche ihm die zweite, profane Deutung nahelegt. Es könne sein, dass die angeblichen Gaben des Sohnes nicht tatsächlich existierten, sondern nur in der mütterlichen Überzeugung. Und wenn danach, im letzten Satz, von einem Aufsteigen in den Himmel die Rede ist, dann geschieht dieses Aufsteigen in den

Träumen der Mutter. Aber selbst in diesem Satz benutzt der Autor mit den Rosen noch ein Symbol, das auf das Blutopfer von Jesus anspielt und den Leser ein letztes Mal in Ungewissheit stürzt.

Wir können dem Autor nicht einmal vorwerfen, dass er uns belügt, denn alle Indizien, so tendenziös sie auch aufgereiht sind, decken sich nicht nur mit der Maria-Jesus-Deutung, sondern auch mit dem Bild der abgöttisch liebenden Mutter eines nicht göttlichen Sohnes. Mit dieser zweiten Deutung wird das Gedicht zur Beschreibung einer blindmachenden Liebe und zu einer Aufforderung an den Leser, über solche Lieben nachzudenken. Robinson selbst präsentiert die Situation zwar reichlich ironisch, aber er enthält sich jeder Wertung, zeigt weder Mitgefühl noch Verachtung. Er pflegt hier wieder einmal den Stil des In-der-Schwebe-Lassens.

Cassandra | Kassandra

Kassandra ist in der griechischen Mythologie die Tochter des Priamus und der Hekabe. Der Gott Apollo verlieh ihr wegen ihrer Schönheit die Gabe der Weissagung. Weil sie seine Verführungsversuche zurückwies, verfluchte er sie und verfügte, dass niemand ihren Weissagungen Glauben schenken sollte. Und dies trat auch ein. Wann immer sie ein Unheil vorhersah, schenkte ihr niemand Gehör. Bis heute bezeichnet man mit „Kassandrarufen" wahre Aussagen warnender Art, denen niemand Glauben schenkt.

Das Gedicht *Cassandra* handelt nicht von Kassandra selbst, sondern von einer Person, welche in der Öffentlichkeit eine Art Predigt hält, der keiner der Zuhörer Glauben schenkt. Erzählt wird diese Rede mit ihrem gesamten Wortlaut von einem Sprecher, über den man erst ganz zum Schluss erfährt, dass er dem Prediger innerhalb einer größeren Gruppe zugehört hat. Der Sprecher war auf ihn aufmerksam geworden, als er im Vorbeigehen seine Stimme hörte. In biblisch angehauchter Sprache wirft der Prediger den Zuhörern vor, den Dollar zum Götzen erhoben zu haben und gleichzeitig blind gegenüber den alten Wahrheiten geworden zu sein. Als er schließlich die rhetorische Frage stellt, ob die Zuhörer auch bereit seien, die Zeche für ihren Besitz zu begleichen, brechen diese in Gelächter aus und gehen weiter.

Anders als in vielen anderen von Robinsons Gedichten hat der Leser in *Cassandra* keine Probleme, den Fortgang der Geschichte zu erfassen. Lücken gibt es nichtsdestotrotz zu füllen. So wird z.B. nicht ausgeführt, woraus die von dem Prediger angemahnten „gnadenlosen alten Wahrheiten" (merciless old verities) bestehen.

Der Sprecher des Gedichts ist eine Sonderform der neugierigen und etwas naiven, aber nicht böswilligen Person, wie sie auch in *The House on the Hill* und in *Eros Turannos* auftritt. Anders als in jenen beiden Gedichten geht der Sprecher von *Cassandra* aber völlig in der Zuhörergruppe auf. Die Zuhörergruppe handelt (verlacht und ignoriert den Redner), als ob sie eine einzelne Person wäre.

Hillcrest | Hillcrest

Von 1911 bis zu seinem Tod im Jahre 1935 besuchte Robinson jeweils im Sommer für mehrere Wochen die MacDowell-Künstlerkolonie und ihr Gästehaus Hillcrest nahe Peterborough, New Hampshire. Die Kolonie, ein Vermächtnis des Komponisten Edward MacDowell, wurde von dessen Witwe Marian MacDowell betrieben. In Hillcrest schrieb Robinson viele seiner Gedichte, unter anderem auch *Hillcrest*, das er der Gastgeberin widmete.

Anders, als der Titel vermuten lässt, handelt das Gedicht nicht primär von der Kolonie. Es geht auch nicht, wie die ersten beiden Strophen suggerieren könnten, in erster Linie über die Meditation. Tatsächlich sind es die Ergebnisse von Robinsons eigenen Meditationen, in Hillcrest niedergeschrieben, die sich hier in dreizehn Strophen als eine Art persönlicher Lebensphilosophie präsentieren.

Duktus und Rhythmus des Gedichts sind eher dramatisch als meditativ. Zum Schluss hin steigert sich die Dramatik noch und mündet in drei bedrohlich anmutenden Strophen. Trotz des pessimistischen und düsteren Untertons ist das Gedicht sehr wohlklingend; einige der Strophen gehören zu den schönsten, die Robinson geschrieben hat.

Die ersten beiden Strophen beschreiben anhand von Bildern den idealen Rahmen, den Hillcrest für die Meditation bietet. Wie eine Insel sei es, aber nicht wie eine Insel im Meer, deren alte Ufermauern von noch älteren Wassern geschüttelt werden, sondern wie eine Insel inmitten eines Meers von Bäumen. Eine Insel also, wo die Vergangenheit den Meditierenden nicht bedrängt und schon gar nicht erschüttert.

In den Strophen drei bis dreizehn kristallisieren sich drei Säulen der Robinsonschen Lebensphilosophie heraus, die sich aber strophenmäßig nicht streng trennen lassen.

Da ist zunächst der Gedanke des Stoizismus, also des Gleichmuts angesichts der Tatsache, dass man die Wohltaten und Zumutungen des Lebens weder vorhersehen noch steuern kann. Dieses Motiv taucht das erste Mal in Strophe 2 auf, wo der Wechsel zwischen Sonnenschein und Schatten in Hillcrest als Anlass genannt wird, die Umwälzungen der Welt und die persönlichen Verluste zu vergessen. Fortgesetzt wird die Gedankenführung in Strophe 3 mit dem Hinweis auf armselige Kämpfe und die Furcht vor künftigen Kämpfen. Strophe 4 vertieft den Gedanken mit der Warnung, nichts als gegeben hinzunehmen. In Strophe 8 wird der Gedanke mit recht düsteren Aussichten fortgeführt

> And he may never dare again
> Say what awaits him, and be sure
> What sunlit labyrinth of pain
> He may not enter and endure.

und dann in Strophe 9 zu einem versöhnlichen Ende gebracht

Love builds of what Time takes away,
Till Death itself is less than Change.

Ein Leitgedanke, der noch häufiger in Robinsons Werk auf-
taucht als der Stoizismus, ist der der Gefährlichkeit von Vorur-
teilen und vorschnellen Urteilen. In Hillcrest wird dies explizit
in der zehnten Strophe angesprochen:

Who sees enough in his duress
May go as far as dreams have gone;
Who sees a little may do less
Than many who are blind have done

Halbwissen, so der Sprecher, ist eine schlechtere Basis für das
Tun als Blindheit. Ein komplementärer Leitgedanke dazu ist,
dass man den Dingen auf den Grund gehen muss und sich nicht
aus Bequemlichkeit mit dem Anschein begnügen sollte. Dass
hierzu Nachdenken notwendig ist, wird in der sechsten Strophe
ausgesprochen

He may by contemplation learn
A little more than what he knew;
And even see great oaks return
To acorns out of which they grew.

und danach noch einmal ausführlich in den letzten drei wun-
dervollen, aber düsteren Strophen.

Strophe 5 entnehmen wir einen dritten Leitgedanken, der
sich nahtlos an die beiden vorangegangenen anfügt, nämlich
die Menschlichkeit zu bewahren, trotz unangenehmer Erfah-
rungen:

If here he venture to unroll
His index of adagios,
And he be given to console
Humanity with what he knows …

Eros Turannos | Eros Turannos

In Eros Turannos erzählt ein anonymer Sprecher, der sich erst spät als ein Mitglied der Bevölkerung eines Hafenortes zu erkennen gibt, die Geschichte eines Paares aus diesem Ort. Das Schwergewicht der Beschreibung liegt dabei eindeutig auf der Seite der Frau. Bereits in der ersten Strophe versetzt er sich in sie hinein und gibt eine grobe Zusammenfassung der Lage:

> She fears him, and will always ask
> What fated her to choose him;
> She meets in his engaging mask
> All reasons to refuse him.
> But what she meets and what she fears
> Are less than are the downward years,
> Drawn slowly to the foamless weirs
> Of age, were she to lose him.

Offensichtlich steht es in der Beziehung nicht zum Besten. Der Partner gibt der Frau Anlass zu Zweifeln und auch zu Furcht. Was es im Einzelnen ist, das sie verstört, erfahren wir in dieser Strophe und auch später nicht. Wir erfahren jedoch, dass er eine einnehmende Maske zeigt, seine Untaten also nicht offen begeht. Die zweite Hälfte der Strophe stellt klar, dass die Frau trotz der charakterlichen Mängel ihres Partners an ihm festhalten will, weil ihr die deprimierende Eintönigkeit eines einsamen Alters schlimmer erscheint als seine Gegenwart.

Die zweite Strophe informiert uns zunächst darüber, dass die Lage einmal besser war. Früher habe die Frau die Fähigkeit gehabt, ihn „auszuloten". Diese besitzt sie nun offensichtlich nicht mehr. Der einstige Scharfsinn sei nun verschwommen (blurred). Über die Gründe für die Beeinträchtigung schweigt sich der Sprecher aus. Stattdessen lässt er uns eine Andeutung zukommen, dass der Partner sich als Judas erwiesen, also einen Verrat begangen habe. Aus Stolz nehme sie das hin. Er wiederum habe dies erkannt; er warte ab und „sehe sich um".

Between a blurred sagacity
   That once had power to sound him,
And Love, that will not let him be
   The Judas that she found him,
Her pride assuages her almost
As if it were alone the cost. -
He sees that he will not be lost,
   And waits and looks around him.

Über die Bedeutung dieses Umsehens können wir nur rätseln. Es mag besagen, dass er sich nach anderen Frauen umsieht, es kann aber auch so zu lesen sein, dass er seine Umgebung mit großer Aufmerksamkeit wahrnimmt. Die ersten vier Zeilen der dritten Strophe sprechen für die zweite Interpretation:

A sense of ocean and old trees
   Envelops and allures him;
Tradition, touching all he sees,
   Beguiles and reassures him;
And all her doubts of what he says
Are dimmed with what she knows of days -
Till even prejudice delays
   And fades, and she secures him.

Diese vier Zeilen, welche durchaus sympathische Züge des Mannes enthüllen, lassen ihn plötzlich in einem besseren Licht erscheinen. Der weitere Verlauf der Strophe ist nicht geeignet, unseren Eindruck von dem Mann auf eine sichere Basis zu stellen. Einerseits werden wieder die Zweifel der Frau ins Blickfeld gerückt, zusammen mit dem Hinweis, dass sie durch drohende Einsamkeit gemindert würden, andererseits ist aber auch von ihren verblassenden Vorurteilen die Rede.

Die vierte Strophe ist ein Musterbeispiel für die indirekte Art der Informationsvermittlung, mit der Robinson den Leser im Alarmzustand hält. Denn erst fast am Ende der Strophe wird der Leser gewahr, dass ein Zeitsprung stattgefunden haben muss:

The falling leaf inaugurates
    The reign of her confusion:
The pounding wave reverberates
    The dirge of her illusion;
And home, where passion lived and died,
Becomes a place where she can hide,
While all the town and harbor side
    Vibrate with her seclusion.

Die ersten vier Zeilen informieren uns darüber, dass sich der geistige Zustand der Frau verschlechtert hat. Auch habe sie ihre Illusionen verloren oder sei zumindest dabei, sie zu verlieren. Das Bild vom fallenden Blatt legt die Vermutung nahe, dass sie dem Ende entgegengeht, das Bild der stampfenden Wellen evoziert den Gedanken an Schicksalsschläge. Aufgrund der Andeutungen in der zweiten Hälfte der Strophe können wir vermuten, dass sie nun alleine und zurückgezogen in ihrem Haus lebt. Ihr Partner ist also entweder gestorben oder hat sie verlassen. Ihre Abgeschiedenheit gibt der Bevölkerung offensichtlich viel Stoff zum Tratsch.

In der fünften Strophe gibt sich der Sprecher als ein Einwohner des Ortes zu erkennen. Er räumt außerdem ein, durchaus selbstkritisch, dass man sich auf recht oberflächliche Art eine Meinung über die Frau und die Geschichte ihrer Partnerschaft gebildet habe:

We tell you, tapping on our brows,
    The story as it should be, -
As if the story of a house
    Were told, or ever could be;
We'll have no kindly veil between
Her visions and those we have seen, -
As if we guessed what hers have been,
    Or what they are or would be.

Auch wenn der Sprecher eine gewisse Oberflächlichkeit einräumt, scheint er doch eine empathische Person zu sein. Davon zeugt auch die fulminante Schlussrede, die ihm der Dichter in den Mund legt:

> Meanwhile we do no harm; for they
> That with a god have striven,
> Not hearing much of what we say,
> Take what the god has given;
> Though like waves breaking it may be,
> Or like a changed familiar tree,
> Or like a stairway to the sea
> Where down the blind are driven.

Wer, wie die Frau, sich mit einem Gott angelegt habe (dem Gott der Liebe?), der sei taub für das, was die anderen sagen, und er nehme hin, was der Gott ihm zugedacht habe. Und dann benutzt der Sprecher gleich drei Bilder für das, woraus diese Gottesgabe bestehen könnte: das Brechen der Wellen, die Veränderung eines vertrauten Baums, eine Treppe in das Meer hinein, auf der die Blinden hinabgetrieben werden, allesamt wohl Metaphern für die Arten des Zu-Ende-Lebens.

Eros Turannos ist nicht nur bemerkenswert wegen der klanglichen Qualitäten, sondern auch wegen des außergewöhnlichen Bilderreichtums. Da sind zum einen die Bilder zu nennen, welche mit dem Wasser und dem Meer zu tun haben, wie das Ausloten, der Ozean, die einmal stampfenden und später die brechenden Wellen, die Hafengemeinde und schließlich das Meer selbst. Diese Bilder lassen nicht nur die Vorstellung einer meeresnahen Umgebung im Leser entstehen, ohne dass ein direkter Hinweis darauf nötig gewesen wäre, sondern sie schaffen auch die Basis für die Treppenmetapher am Schluss des Gedichts.

Eine zweite Folge von Bildern ist an das Phänomen der beschränkten Sicht geknüpft: die Maske, die der Partner trägt, die Vernebelung der Fähigkeit, ihn auszuloten, das Betasten von Objekten durch den Mann, das Verblassen der Zweifel und der Vorurteile der Frau, die unterschiedlichen Sichten (visions) auf die Geschichte und schließlich die Blinden, welche die Treppe hinabgetrieben werden.

Die beschränkte Sicht ist ein Hauptmotiv in diesem Gedicht. Sie tritt in zwei unterschiedlichen Arten auf: als Blindheit der Frau gegenüber dem Charakter des Partners und gegenüber ihrem eigenen Geschick und als Blindheit der Ortsbewohner gegenüber dem, was im Hause der Protagonisten geschieht. Keine dieser Blindheiten verdient in der Einschätzung des Sprechers Herabsetzung oder gar Verachtung.

Ob die Zweifel der Frau am Charakter des Mannes begründet waren oder ob sie vielleicht nur auf ihre Verwirrung zurückgingen, bleibt am Ende offen. *Eros Turannos* ist daher auch im engeren Sinne kein psychologisches Gedicht, jedenfalls keines, das psychologische Begründungen liefern soll. Diese bleiben dem Leser überlassen.

Veteran Sirens | Altgediente Sirenen

Kritiker und Literaturwissenschaftler streiten darum, ob es sich bei den im Titel genannten „Sirenen" um Prostituierte handelt oder um ältere Frauen, die den altersbedingten Verfall des Körpers mit allen Mitteln bekämpfen, um ihre Anziehungskraft auf Männer zu erhalten. Es ist wahrscheinlich, dass Robinson beide Interpretationen ermöglichen wollte.

Bei der in der zweimal erwähnten Ninon handelt es sich höchst wahrscheinlich um Anne Ninon de Lenclos (1620 – 1705), eine Lebedame, die im Laufe ihres Lebens sehr viele Liebhaber hatte und auch im hohen Alter noch eine große Anziehungskraft auf Männer ausübte. Daraus zu schließen, dass es sich bei den „Sirenen" um Prostituierte handeln müsse, ist allerdings etwas voreilig. Ninon de Lenclos war nämlich nicht nur für ihren Männerverschleiß berühmt, sondern auch für ihre Bildung, ihre musischen Talente und ihre Meisterschaft im geistvollen Gespräch. Sie war denen, die ihr nahe standen, eine gute und treue Freundin und griff in Not geratenen Freunden manchmal finanziell unter die Arme, obwohl sie selbst nicht im Überfluss lebte.

Obschon der Autor bei der Beschreibung der „Sirenen" realistisch ist und er auch nicht verschweigt, dass ihr hartnäckiger Kampf um die Schönheit etwas Lächerliches an sich hat, ist der Eindruck des Lesers am Ende doch, dass eher Verständnis und Mitleid für ihre Nöte angebracht sind. Wir finden hier eine von Robinsons Lieblingstechniken: zunächst ein durch Vorurteile verzerrtes Bild zu evozieren und es dann durch den (nachdenklichen) Leser wieder entzerren zu lassen.

Another Dark Lady | Noch eine dunkle Dame

Mit dem Titel und dem Entstehen dieses Sonetts ist eine Anekdote verbunden, die Robinsons Biograph Scott Donaldson erzählt (S. 405f.). Bei einem Gespräch in der MacDowell-Kolonie, in der Robinson jährlich einen Teil des Sommers verbrachte, spekulierte ein weiblicher Gast über die Identität der dunklen Dame, der viele von Shakespeares Sonetten gewidmet sind. Robinson warf ein, dass es die dunkle Dame gar nicht in Wirklichkeit gegeben haben müsse. Jeder hätte eine solche Dame erfinden können. Und zum Beweis schrieb er in zwanzig Minuten das Sonett *Another Dark Lady*.

Lilith (Lilit) ist eine schillernde Figur diverser Legenden. Sie taucht unter anderem in einem mittelalterlichen Text als angebliche erste Ehefrau Adams auf, die diesen verließ, als die beiden sich nicht einigen konnten, wer beim Sex oben liegen sollte. Vorher schon, im Judentum der griechisch-römischen Zeit, ist Lilith eine Dämonin, die Männer verführt und kleine Kinder tötet. In den Texten des rabbinischen Judentums (ca. ein Jahrhundert nach Christus) geistert sie als männerverführende Teufelin umher. Es ist wohl diese Fassung der Legende, welche Robinson bei der Verfassung des Gedichts im Sinne hatte.

Das sehr einschränkende Reimschema abbaabba des ersten Teils wurde in der Übersetzung durch abbacddc ersetzt.

The Mill | Die Mühle

In *The Mill* geht es um die Kosten des industriellen Fortschritts, den die kleinen Leute, hier der Müller und seine Frau, zu zahlen haben. Die Geschichte ist einfach und eigentlich in drei Sätzen erzählt: Der Müller verlässt abends nach einer eigenartigen Bemerkung den Wohnraum. Nach langem Warten sucht seine Frau ihn in der Mühle und findet ihn tot an einem Balken hängend. Sie geht hinaus zum Fluss und nimmt sich dort ebenfalls das Leben.

Was das Gedicht länger und gleichzeitig etwas undurchsichtig macht, ist die Fiktion, welche der Autor um die Gefühle der Frau herum aufbaut. Dass nämlich das „Es", welches an dem Balken hängt, sie auf dem Weg zum Ort des eigenen Suizids verfolgen könnte und dass sie deshalb einen Ort finden müsse, an dem ihre Spuren schnell verschwinden würden. Solche verdunkelnden Umschreibungen hat Robinson häufig in seinen Gedichten verwendet. Die Verwendung des verfremdenden „Es" für eine Person, hier den toten Müller, ist ein Werkzeug, das er auch anderswo angewendet hat, so z.B. in *How Annandale Went Out*.

Stand „Es" im Fall von Annandale für ein Wesen, dem ein würdevolles Menschsein nicht mehr möglich war, so verkörpert es im Fall des toten Müllers etwas, was dessen Frau als fremd und bedrohlich empfindet. Auf einer anderen Ebene mag es für den Leser ein Hinweis sein, dass „kleine" Leute wie der Müller und seine Frau dem wehrlos ausgesetzt sind, was andere als Fortschritt empfinden.

Bemerkenswert ist, wie wenig sentimental der doppelte Suizid geschildert ist. Sentimentalität wollte der Autor offensichtlich vermeiden, und er ist bereit, dieses Ziel sogar um den Preis einer fast zynisch anmutenden Formulierung zu erreichen:

What else there was would only seem
To say again what he had meant;
And what was hanging from a beam
Would not have heeded where she went.

The Dark Hills | Die dunklen Hügel

So lyrisch und dicht zugleich hat Robinson selten geschrieben. Vollgepackt ja, das findet man bei ihm oft, aber selten eine solch elegante Überleitung wie hier, von der Beobachtung eines Naturphänomens, des Sonnenuntergangs über den Hügeln, zu Kriegen und gefallenen Soldaten. Indem er den Sonnenuntergang mit den goldenen Hörner vergleicht, welche zum Gedenken gefallener Krieger erklingen, lenkt er die Gedanken der Leser auf das Kriegsmotiv, ohne dass dafür ein zusätzlicher Satz notwendig wäre. Man könnte sich an Mallarmé oder Valéry erinnert fühlen, wenn da nicht im Hintergrund noch der erhobene Zeigefinger des Moralisten wäre. Die reine Poesie war nicht Robinsons Sache. Trotzdem, oder vielleicht gerade deshalb, vereinigen sich Text und Form hier zu einer wundervollen Einheit. Dies haben wohl auch die mindestens sechs Komponisten erkannt, welche *Die dunklen Hügel* schon vertont haben.

An diesem kurzen Gedicht lässt sich wieder einmal zeigen, dass das, was am Ende leicht und luftig erscheint, häufig das Ergebnis ausdauernder Arbeit ist. Robinson hatte zwar schnell die ersten vier Zeilen formuliert, brauchte aber weitere zwei Jahre, um die wirklich passende Fortsetzung zu finden. In Scott Donaldsons Robinson-Biographie ist auch die ursprüngliche und später verworfene Fortsetzung abgedruckt (S. 345). Liest man diese erste Fassung, so ergibt sich trotz der wunderbaren Anfangszeilen der Eindruck eines nur mittelmäßigen Gedichts.

Firelight | Feuerschein

Das Reimschema dieses Sonetts italienischer Prägung ist im amerikanischen Original in der besonders strengen Form abbaabba cdecde, in der Übersetzung nur abba cddc efgefg, also etwas weniger einengend.

Ganz im Sinne der Sonettphilosophie ist die inhaltliche Wendung, die im Übergang vom Oktett zum Sextett erfolgt. Während im Oktett sich das beschriebene Paar unter einem wolkenlosen Himmel sonnt (ten years together without yet a cloud), wird dieser Eindruck im Sextett völlig umgestoßen und als oberflächlich entlarvt.

Der Leser ist eingeladen, über dieses Paar weiter zu sinnen. Sind die beiden glücklich zu nennen oder sollten sie sich besser trennen? Wissen sie nicht oder wollen sie bloß nicht wissen? Wie wird es mit ihnen weitergehen? Dieses In-der-Schwebe-Lassen, dieses Haikuhafte, ist eines von Robinsons Lieblingswerkzeugen.

Lost Anchors | Verlorene Anker

Schon viele wähnten sich verloren bei dem Versuch, die Geschichte der verlorenen Anker zu entwirren. Da ist zum einen die indirekte, manchmal etwas verschrobene Art, in der Robinson seine Geschichte erzählt, sein Geizen mit Informationen; hinzu kommen einige Wörter, deren Bezug und Sinn nicht eindeutig feststellbar sind und zu guter Letzt noch einige kryptische Bemerkungen.

Fassen wir zunächst zusammen, was unstrittig ist. Die Handlung des Gedichts verteilt sich auf mehrere Zeitabschnitte, die teilweise weit auseinanderliegen:

– Vor langer Zeit sank ein Schiff im Hafen. Die Gründe dafür werden nicht genannt.

- Viele Jahre später fanden Taucher, welche auf ihrer Tauchmission eine alte Legende aus der Welt der Schifffahrt aufklären wollten, in dem Rumpf dieses Schiffs Anker von anderen Schiffen, die sich offensichtlich dort verheddert hatten und damit verloren gegangen waren. Um welche Legende es bei der Tauchmission ging, erfährt der Leser nicht. Es könnte aber mit dem mysteriösen Verschwinden der Anker zu tun haben.
- Noch später dann spielt die Erzählung des verwitterten, jetzt ans Land verschlagenen Seemanns, welcher die Geschichte des Schiffs für eine Analogie mit Geschehnissen aus seinem Leben verwendet.

Was der Seemann im Einzelnen erzählte, bleibt dem Leser verborgen. Er kann lediglich aus den zur Verfügung gestellten Indizien einige Schlüsse ziehen. In Bezug auf den Inhalt der Analogie können wir davon ausgehen, dass der Seemann das Gefühl hatte, seinen Ankerpunkt verloren zu haben. Neben dem Ansatzpunkt selbst, der Geschichte von den verlorenen Ankern, gibt es dafür als weiteres Indiz im Gedicht schon in der ersten Zeile: den Vergleich mit dem an Land geschleuderten, trockenen Fisch, an den weiter unten mit dem Ausdruck „dry leisure" noch einmal erinnert wird. In Bezug auf die Gründe der Entwurzelung bleibt uns dann noch der überraschende Schluss:

Telling of much that once had come to pass
With him, whose mother should have had no sons.

Überraschend deshalb, weil nichts von dem, was vorher im Gedicht erzählt wird, auf diesen Schluss vorbereitet. Wir können aus der Bemerkung folgern, dass der Verlust des Ankerpunkts schon in der Jugend des Seemanns begründet war, vielleicht in der Persönlichkeit der Mutter. Alles Weitere wäre Spekulation.

Zwei weitere Zeilen verdienen Erwähnung, weil sie schon bei vielen Lesern für Verwirrung gesorgt haben:

Analogy that he may read who runs,
The sailor made it old as ocean grass

Eine mögliche Deutung ist, dass die Analogie, welche der See-
mann vortrug, leicht verständlich war (auch dem Eiligen ver-
ständlich) und dass sie offensichtlich war, also nicht übermäßig
hingebogen.

The Long Race | Das lange Rennen

Ein Mann ist zum Besuch bei einem ehemaligen Freund ange-
reist, nach einer Abwesenheit von fünfzig Jahren. Der Besu-
cher kam mit dem Zug. Nun geht er den Berg hoch, wo der
Freund immer noch in demselben Haus wohnt wie damals. Er
sieht der Begegnung mit gemischten Gefühlen entgegen, denn
man ist nicht im Guten voneinander geschieden. Das Treffen
verläuft enttäuschend. Nachdem die beiden eine Stunde lang
vergeblich nach Worten gesucht haben, verabschiedet sich der
Besucher, froh darüber, die peinliche Situation hinter sich ge-
bracht zu haben.

Dies ist die Geschichte, soweit sie sich zweifelsfrei aus den
geschilderten Fakten ergibt. Was uns darüber hinaus mitgeteilt
wird, sind Andeutungen, die ein wenig Licht auf die Beziehung
zwischen den beiden werfen, aber nicht genügen, konkrete
Vorkommnisse abzuleiten. Da ist zunächst der Hinweis auf den
beiderseitigen Ehrgeiz, der wie ein Vorhang zwischen den bei-
den gehangen habe:

The curtain half a century had hung
Between the two ambitions they had slain.

Es hat offensichtlich, wie auch der Titel andeutet, eine Kon-
kurrenzsituation zwischen den Freunden geherrscht, welche
die fünfzig Jahre der Trennung überdauert hat. Ob die beiden
vorher geschäftlich miteinander verbunden waren, darüber sagt

das Gedicht nichts aus. Es würde passen, ist aber letztlich Spekulation.

Ein weiterer Hinweis auf die gemeinsame Vergangenheit ergibt sich aus dem Abschiedsdialog, in dem der Besuchte ironisch zu dem Besucher sagt:

„Good-bye! ... You have the same old weather-vane -
Your little horse that's always on the run. "

Die Bemerkung wirft ein ungünstiges Licht auf den Besucher. Offensichtlich ist er nach der Einschätzung des Besuchten ein Opportunist und ein sprunghafter, vielleicht sogar unzuverlässiger Geselle. Der direkte Anlass der Äußerung dürfte zwar der schnelle Aufbruch des Besuchers gewesen sein, welcher nicht imstande war, die Geduld für das langsame Aufbrechen des Eises aufzubringen, aber sie bezieht sich auf Geschehnisse der Vergangenheit. Vielleicht hat der Besucher den Freund vor fünfzig Jahren bei einem gemeinsamen Vorhaben im Stich gelassen, um seinen eigenen Vorteil zu suchen.

Der ironische Schluss nimmt auf diesen Aspekt in der Persönlichkeit des Besuchers Bezug:

And all the way down back to the next train,
Down the old hill to the old road again,
It seemed as if the little horse had won.

Wie früher schon flieht er vor den Unannehmlichkeiten. Nicht der Besucher hat das Rennen gewonnen, sondern das kleine Pferd.

Many Are Called | Viele sind gerufen

Viele fühlen sich zum Künstler oder Autor berufen, aber nur ganz wenigen ist Erfolg beschieden. Dies ist, vereinfacht ausgedrückt, die Aussage von *Many Are Called*. Robinsons Biograph Scott Donaldson (S. 366) meint, dass der Autor durch seine eigene Durststrecke bis zum wirtschaftlichen Erfolg zu diesem Sonett inspiriert wurde.

Nun ist die Inspiration zu einem Werk eine Sache, das Ergebnis aber eine andere. Im Gedicht selbst ist jedenfalls von wirtschaftlichem Erfolg oder auch nur vom Erfolg beim Publikum nicht die Rede. Denn der, der im Gedicht über Erfolg oder Nichterfolg entscheidet, ist der Gott Apollo, also der Gott der Schönheit. Im Oktett heißt es sinngemäß, dass jener ganz alleine bestimme, wer unter den vielen Aspiranten Zugang zu seinem gut geschützten Reich erhalte. Im Sextett wird dann beschrieben, wie in ganz seltenen Fällen es doch geschehen kann, dass ein Werk in das Reich Apollos aufgenommen werde. Diese Beschreibung bedient sich einer komplizierten Metapher, welche nicht leicht zugänglich ist. Immerhin können wir ihr entnehmen, dass das dort beschriebene Licht auf die Geduld der Toten falle. Weil aber das für den Dichter wirtschaftlich interessante Publikum zu seinen Lebzeiten sicher auch noch lebte, kann es offensichtlich nicht gemeint sein.

The Sheaves | Die Garben

Vielen gilt *The Sheaves* als eines der besten Gedichte Robinsons, wenn nicht als das beste überhaupt. Aufgrund seines Wohlklangs und der romantischen Anmutung erscheint es dem eingefleischten Robinson-Leser beim ersten Lesen als untypisch. Der deutsche Leser mag sogar an Rilke denken oder an George. Und doch ist auch dieses Sonett typisch Robinson, denn es enthält, wenn auch keine moralische Botschaft wie manche anderen seiner Gedichte, doch einen Denkanstoß.

Vordergründig beschreibt der Autor das Reifen des Weizens in einem zunächst gar nicht schönen Sommer, der sich aber im weiteren Verlauf so zum Guten verändert, dass am Schluss eine reiche Ernte aus Tausenden von goldfarbenen Garben zustande kommt. Die klimatische Änderung und den daraus resultierenden Reifeprozess bezeichnet der Autor als etwas Magisches, Unvorhergesehenes, als etwas, was man (anders als den Weizen selbst) nicht kaufen oder verkaufen könnte. Die Natur wird in dieser Beschreibung sogar personifiziert, bekommt einen Körper und eine Seele.

Von dieser Personifizierung der Natur bis zum Vergleich der geernteten Garben mit goldhaarigen Mädchen ist es dann nur noch ein kleiner Schritt. Und alles, was für die Reifung des Weizens notwendig war, kann nun auf den Reifeprozess des Menschen übertragen werden. Wie der Weizen kann ein junger Mensch nur gedeihen, wenn ihn ein förderliches Klima umgibt. Vorübergehende Kälte und Stürme aber schaden nicht.

Die letzte Zeile vollendet die Analogie zwischen Mensch und Weizen über den Reifeprozess hinaus. Der Weizen wird angeboten und verkauft, das Magische der Reifung haftet ihm nicht für immer an. Die goldhaarigen Mädchen des Gedichts erheben sich von ihrem Schlafplatz und gehen in die Welt hinaus. Dort sind sie denselben Widrigkeiten und Enttäuschungen ausgesetzt wie alle anderen Menschen.

Karma | Karma

Zusammen mit *The Sheaves*, das ebenfalls im Album *Dionysus in Doubt* erschien, gehört *Karma* zu den besten Sonetten Robinsons. Anders als viele andere seiner Gedichte verlangt *Karma* dem Leser auch keine großen Anstrengungen bei der Entschlüsselung ab. Aufmerksames Lesen genügt.

Die Geschichte ist schnell erzählt: Ein erfolgreicher Geschäftsmann, der in der Weihnachtszeit durch die Straßen geht, hat angesichts eines frierenden Nikolauses einen Anflug von Gewissensbissen. Er erinnert sich an einen Freund, den er, wohl durch wirtschaftliche Übervorteilung, in den Tod getrieben hat. Erstaunt über die eigenen Gefühle, aber unschlüssig, ob er sich diesen Freund zurückwünschen sollte, spendet er zehn Cent.

Moran (S. 169) nennt das Sonett spröde, und das ist es auch. Wie immer vermeidet der Autor Gefühlsäußerungen und direkte Wertungen. Diese fließen stattdessen auf indirekte Art ein: durch Nennung der Umstände, die das Handeln des Protagonisten besonders verwerflich machen (es war ein Freund, den er vernichtete) und durch die abgrundtiefe Ironie, welche das ganze Gedicht durchzieht und die in der paradox anmutenden Schlusszeile gipfelt.

Auch der Titel ist Teil dieses ironischen Gebäudes. Karma ist ein spirituelles Konzept im Buddhismus, nach dem jede absichtliche Handlung Konsequenzen hat, welche sich später, insbesondere in künftigen Leben niederschlagen. Ob hinsichtlich dieser Konsequenzen die Spende einer Zehn-Cent-Münze die Verantwortung am Tod des Freundes aufwiegen kann?

En Passant | En Passant

Dieses Sonett hat schon vielen Rätsel aufgegeben. Selbst Winters (S. 46) erklärte, dass er nicht imstande sei, dafür eine Deutung zu finden. Es ist hilfreich, sich für das Gedicht Zeit zu lassen und es genau zu lesen. Auch mag es helfen, sich die Techniken zu vergegenwärtigen, die Robinson hier anwendet.

Er greift hier nämlich tief in seinen bewährten Werkzeugkasten. Wir finden in diesem Sonett wieder einen Sprecher, der am Ende weniger weiß als der aufmerksame Leser, wir finden die indirekte Vermittlung der Fakten und wir begegnen dem überraschenden Schluss, der in das bewährte In-der-Schwebe-Lassen übergeht.

Es sind drei Personen, die das Geschehen bestimmen. Da ist zunächst der Sprecher, der am Nachmittag einer zweiten, offensichtlich geisteskranken Person begegnet, die ihn zu einem Gespräch nötigt. Der Geisteskranke ist wohl von dem Gedanken an eine Mission getrieben, deren Charakter nicht näher erläutert wird. Was wir erfahren ist, dass er im Rahmen dieser Mission schon lange die Bundesstraße beobachtet hat und nun beabsichtigte, sich zum Meer zu begeben, um „sicher zu gehen".

Dies alles ist im Oktett geschildert. Im Sextett, das am Abend desselben Tages spielt, erfährt der Sprecher bei einem Gang am Ufer von einem Tötungsfall, den der Täter (offensichtlich der Geisteskranke vom Nachmittag) an einer nicht näher benannten Person begangen hat. Vor der Tat habe der Täter zu dem Opfer gesagt:

"You should have come when called. This afternoon
A gentleman unknown to me before,
With deference always due to souls accurst,
Came out of his grave – and not too soon."

Mit dem "Gentleman", von dem der Täter spricht, ist offensichtlich der Sprecher gemeint. Wir erfahren hier, auf Umwegen, dass auch der Sprecher zum Opfer geworden wäre, hätte er nicht „den verwünschten Seelen seine Achtung erwiesen". Wie wir wissen, ist der Sprecher am Nachmittag stehengeblieben und hat dem Geisteskranken zugehört. Dies hat das Opfer wohl nicht getan.

Über die Schlusszeile können wir nur mutmaßen. Maron (S. 174f) gibt hierfür eine recht plausible Erklärung: Als der Sprecher anhielt und dem späteren Täter zuhörte, hatte er sich aus seiner Versunkenheit und seiner geistigen Isolation gelöst, er hatte „sein Grab verlassen".

New England | Neuengland

Neuengland wird das Gebiet im Nordosten der USA genannt, das aus den Bundesstaaten Maine, New Hampshire, Vermont, Massachusetts, Rhode Island und Connecticut besteht. Den Namen prägte der Engländer J. Smith aber schon lange vor der Gründung der Vereinigten Staaten, als er 1614 die Küstenregion erkundete. 1620 begann dann die Besiedelung durch die Engländer mit der Landung der Pilgerväter.

138

Robinson wurde in Maine geboren, war also selbst Neuengländer. Dass er über Neuengland schrieb, war demnach nichts Ungewöhnliches. Leider wurde das Gedicht, mit dem der Autor gegen die Vorurteile anschreiben wollte, die den Neuengländern aus den anderen Staaten entgegengebracht wurden, zunächst gar nicht so verstanden, auch nicht in der neuenglischen Heimat. Und dies, obwohl es von Ironie geradezu trieft.

Die Geschichte von *New England* ist ein fabelhaftes Lehrstück über missverstandene Ironie. Ironie bleibt nur schmerzfrei für den Adressaten, wenn die wörtliche Aussage entweder nicht schmerzhaft ist oder wenn ihr ironischer Charakter erkannt wird. Weder das eine noch das andere war bei diesem Sonett der Fall. Nicht einmal die Herausgeber der englischen Zeitschriften, in denen es zuerst erschien, erkannten den ironischen Gehalt, und die Neuengländer schon gar nicht. Robinson war starken Anfeindungen ausgesetzt und wurde als Nestbeschmutzer beschimpft. Schließlich sah er sich gezwungen, in seiner Heimatzeitung einige klarstellende Worte zu veröffentlichen. Darüber hinaus änderte er für spätere Veröffentlichungen einige Passagen, so dass der ironische Charakter deutlicher wurde.

Robinson hatte gemeint, durch starke Übertreibungen und offensichtliche Unwahrheiten genügend für die Erkennbarkeit der Ironie getan zu haben. Dem war aber offensichtlich nicht so. Das lag vielleicht auch an dem stellenweise komplizierten Stil und den nicht leicht zu erkennenden Bezügen auf Redensarten. So ist am Schluss des Sonetts vom Totpflegen einer Katze die Rede, eine Anspielung auf die Redensart „curiosity killed the cat" (Die Neugier brachte die Katze um). Aber viel gravierender ist wohl, dass Ironie, die sich an so viele Adressaten richtet, so gut wie nie von allen erkannt wird, egal wie deutlich sie signalisiert wird.

A Christmas Sonnet | Ein Weihnachtssonett

Dieses ist das letzte Sonett, das Robinson veröffentlichte und es ist das letzte in dem 1928 erschienenen Band *Sonnets, 1889 – 1927*, einer Sammlung von 89 Sonetten. Es trug den Untertitel *For One in Doubt* (Für einen Zweifelnden). Im Dezember 1927 versandte Robinson es als Weihnachtsgruß an Freunde. In der Zeit bis zu seinem Tod im Jahre 1935 schrieb er nur noch längere, teilweise bücherlange Gedichte, die in der Bedeutung an seine kurzen Gedichte nicht heranreichen und heute so gut wie nicht mehr gelesen werden.

Ausgewählte Literatur

Von Edwin Arlington Robinson

Sonetts, 1889 – 1927. New York: Macmillan, 1928

Collected Poems. New York: Macmillan, 1937

Poems. Selected and edited by Scott Donaldson. New York: Everyman's Library Pocket Poets, 2007

Zitierte Werke

Donaldson, Scott: Edwin Arlington Robinson. A Poet's Life. New York: Columbia University Press, 2007

Friedrich, Hugo: Die Struktur der modernen Lyrik. Reinbek bei Hamburg: Rowohlts Enzyklopädie im Rowohlt Taschenbuch-Verlag, Neuausgabe 2006. Original veröffentlicht in Reinbek bei Hamburg: Rowohlt Taschenbuchverlag, 1956

Hennecke, Hans: Gedichte von Shakespeare bis Ezra Pound. Einführungen, Urtexte und Übertragungen. Wiesbaden: Limes Verlag, 1955

Maron, Ronald Wesson Jr: With Firm Address: A Critical Study of 26 Shorter Poems of E. A. Robinson. 1966. LSU Historical Dissertations and Theses.1161.

Winters, Yvor: Edwin Arlington Robinson. Norfolk, Connecticut: New Directions, 1946

FSC
www.fsc.org

MIX

Papier | Fördert
gute Waldnutzung

FSC® C083411

Zeitfracht Medien GmbH
Ferdinand-Jühlke-Straße 7
99095 Erfurt, Deutschland
produktsicherheit@kolibri360.de